建筑经济与建筑工程项目管理探索

刘永杰　高华玲　戴梓瀚　著

辽宁大学出版社
Liaoning University Press　沈阳

图书在版编目（CIP）数据

建筑经济与建筑工程项目管理探索/刘永杰，高华玲，戴梓瀚著. --沈阳：辽宁大学出版社，2024. 12.
ISBN 978-7-5698-1944-1

Ⅰ. F407. 9；TU712. 1

中国国家版本馆 CIP 数据核字第 2024P92X54 号

建筑经济与建筑工程项目管理探索

JIANZHU JINGJI YU JIANZHU GONGCHENG XIANGMU GUANLI TANSUO

出 版 者：辽宁大学出版社有限责任公司

（地址：沈阳市皇姑区崇山中路 66 号　　邮政编码：110036）

印 刷 者：沈阳市第二市政建设工程公司印刷厂

发 行 者：辽宁大学出版社有限责任公司

幅面尺寸：170mm×240mm

印　　张：13. 5

字　　数：210 千字

出版时间：2024 年 12 月第 1 版

印刷时间：2025 年 1 月第 1 次印刷

责任编辑：李珊珊

封面设计：高梦琦

责任校对：郭宇涵

书　　号：ISBN 978-7-5698-1944-1

定　　价：88. 00 元

联系电话：024-86864613

邮购热线：024-86830665

网　　址：http://press. lnu. edu. cn

导 言

建筑行业作为现代经济的支柱产业之一，扮演着推动国家经济发展的重要角色，其不仅直接参与物质基础设施的建设，还通过产业链上下游的资源整合、技术创新等手段，间接带动了多个关联行业的发展。在全球范围内，建筑行业的影响力持续增强，尤其是在快速城市化进程加快的背景下，建筑项目的数量和规模不断扩展，促使建筑管理领域的理论研究与实践操作面临新的挑战与机遇。随着建筑技术的进步和绿色建筑理念的推广，建筑工程项目管理的复杂性和多样性日益凸显，无论是传统的大型基础设施项目，还是新兴的智慧城市建设，都要求建筑管理者具备更加系统化的思维和精准化的操作能力，以应对日趋复杂的项目环境及管理需求。

在建筑行业中工程项目管理涉及的层面广泛，涵盖从项目前期的可行性研究到后期的竣工验收及项目运行维护的全生命周期。项目管理不仅仅局限于时间、质量和成本的控制，还涉及到风险管理、合同管理及环境影响等多个维度。特别是在当前经济环境不断变化的背景下，如何有效调动资源、优化管理流程，以提高项目效率，已经成为建筑工程管理者必须面对的核心问题。建筑项目的复杂性不仅体现在其规模上，还体现在其管理流程的复杂性、多方参与者的协调、以及技术的集成应用等方面。尤其在现代化建设背景下，信息化技术的融入使得建筑项目的管理模式更加多元化，也促使建筑企业在项目管理过程中不断创新，以适应技术与市场需求的变化。

建筑工程项目管理作为一门交叉性学科，涉及建筑技术、经济学、管理学等多个领域的内容，具有高度的实践性和系统性，尤其是在建筑经济的动态变化和项目管理技术不断进步的推动下，如何在保证项目质量的前提下，提高资源利用效率，减少不必要的浪费，已成为建筑工程管理的核心议题之一。系统化的项目管理理论与实践方法的结合，显得尤为重要。传统的项目管理模式已经难以应对当前复杂的建筑工程需求，在项目管理中引入现代管理工具、优化管理模式，成为提升项目成功率的关键路径。

作　者

2024 年 8 月

目　录

导　言 …… 1

第一章　建筑经济与工程项目管理基础 …… 1

第一节　建筑业及其地位和作用 …… 1
第二节　建筑经济学基础 …… 12
第三节　建筑工程项目管理概述 …… 23

第二章　建筑工程经济分析 …… 29

第一节　建筑工程经济分析的基本要素 …… 29
第二节　建筑工程技术经济分析的基本方法 …… 44

第三章　建筑工程项目经济分析与评价 …… 57

第一节　建筑工程经济效果评价的方法 …… 57
第二节　建筑工程项目可行性研究 …… 69
第三节　建筑工程项目财务评价 …… 82

第四章　建筑工程项目造价管理 …… 91

第一节　建筑工程项目造价概述 …… 91
第二节　建筑工程项目造价的组成及计价程序 …… 101

第三节　建筑工程项目工程量清单计价与造价管理 …… 109

第五章　建筑工程项目合同与风险管理 …… 115

第一节　建设工程合同 …… 115
第二节　合同条件 …… 121
第三节　施工索赔管理 …… 129
第四节　工程施工风险管理 …… 137

第六章　建筑工程项目施工成本管理 …… 146

第一节　建筑工程施工成本管理概述 …… 146
第二节　建筑工程施工成本计划与成本控制 …… 153
第三节　建筑工程施工成本分析 …… 163

第七章　建筑工程项目的综合性管理 …… 172

第一节　建筑工程项目安全管理 …… 172
第二节　建筑工程项目现场管理与环境管理 …… 182
第三节　项目沟通管理 …… 193

结　语 …… 202

参考文献 …… 204

图 目 录

图 1—1　建筑市场的供需关系 …………………………………………… 17
图 2—1　净现值法关键要素 ……………………………………………… 51
图 2—2　影响盈亏平衡点的因素 ………………………………………… 54
图 3—1　效益优先原则 …………………………………………………… 58
图 4—1　建筑工程项目造价的构成 ……………………………………… 92

表目录

表1－1　建筑业历史发展及现状 …… 2

表1－2　建筑业的直接经济贡献 …… 5

表1－3　建筑业资金密集特征 …… 8

表1－4　建筑业对社会经济发展的影响分析 …… 10

表1－5　建筑经济学的基本内容与核心领域 …… 13

表1－6　项目管理的功能细分 …… 25

表2－1　建筑工程直接成本分析 …… 30

表2－2　建筑工程资源的经济属性分析 …… 37

表2－3　资金时间价值的基本概念与要素分析 …… 41

表2－4　静态分析法的应用范围 …… 45

表2－5　建筑工程项目的成本分类 …… 48

表2－6　内部收益率法的优点与限制 …… 52

表3－1　效益与成本的具体构成及衡量标准 …… 64

表3－2　技术装备与材料选择的可行性分析表 …… 77

表4－1　建筑工程项目造价管理目标与控制原则 …… 93

第一章　建筑经济与工程项目管理基础

第一节　建筑业及其地位和作用

一、建筑业的定义与范畴

建筑业是一个涵盖了广泛工程活动和建筑实践的行业，涉及新建筑的设计、施工、翻修以及维护，包括住宅、商业、工业和基础设施项目等多个领域，这个行业在各个国家的经济中扮演着至关重要的角色，不仅关系到物质生产、社会财富的积累，还在促进城乡建设、推动国家经济增长方面发挥重要作用。建筑业在现代社会中涉及的领域广泛，与许多其他产业密切相关，是经济发展不可或缺的一部分。

（一）建筑业的历史发展及现状

自古以来建筑业在人类文明中占据着重要位置。从最早的原始社会简单建筑到古代宏伟的宫殿、庙宇，再到现代的高楼大厦，建筑业伴随着人类技术的进步和社会结构的变化不断发展。建筑业不仅仅是满足人类生存需求的产业，也是社会文化和技术水平的直观体现，如今建筑业不仅限于传统意义上的房屋建造，还扩展到桥梁、隧道、港口、机场等重大基础设施建设，成为一个涵盖广泛的现代化产业体系[①]。随着全球化进程的加快和技术的飞速发展，建筑行业呈现出新的特征，如信息技术与建筑技术的深度融合、绿色

① 张晓英．建筑经济角度下建筑工程项目管理的探讨［J］．建材与装饰，2021（024）：017．

建筑的广泛推广等。在信息化和数字化的大潮中，建筑业逐渐从传统的劳动密集型行业向技术密集型转变，特别是建筑信息模型（BIM）技术的广泛应用，使得设计、施工、管理等环节更加高效和精准。

建筑业现如今在全球范围内扮演着重要的经济角色，尤其是在发展中国家，建筑行业的增长速度尤为显著。基础设施建设的大规模投入推动了建筑业的快速扩展，而发达国家则更加注重城市更新、环境保护、老旧设施的维护与升级。在国内，建筑业也是经济的重要支柱之一，尤其是在大型基础设施项目建设和城市化进程中发挥了重要作用。在政策的推动下，国内建筑行业正在经历绿色转型，低碳、环保的建筑理念逐步得到推广，建筑业的技术水平和产业结构正在不断升级，但依然面临着诸如劳动力成本上升、资源短缺、市场竞争加剧等挑战。

表 1－1　建筑业历史发展及现状

时期	建筑特点	建筑业的角色	当前挑战
原始社会	简单的石器、木材构造，用于基本生存需求	满足生存需求	技术发展初期，资源有限
古代	宫殿、庙宇等大型建筑，体现权力和宗教信仰	权力、文化象征	建筑技术依赖人力和经验
工业革命时期	建筑材料和技术进步，钢铁、水泥等广泛应用	城市化和工业化的推动力	工业革命初期资源需求激增，环境污染问题开始显现
现代	高楼大厦、基础设施全面发展	推动经济发展和城市扩展	劳动力成本上升、资源短缺、市场竞争激烈
信息化时代	信息技术与建筑深度融合，BIM 技术普及，绿色建筑推广	转向技术密集型，推动绿色发展与创新	绿色转型、低碳环保、技术升级

（二）建筑业对国民经济的贡献

建筑业在国民经济中具有举足轻重的地位，其贡献不仅体现在对国民经济增长的直接拉动效应上，还通过带动其他相关产业的发展间接推动经济繁荣，建筑业作为资金密集型和劳动密集型产业，涉及大量的劳动力资源投入，因此在推动就业方面有着显著的贡献，特别是在推动农村劳动力向城市转移、缓解失业压力方面发挥着不可忽视的作用。建设项目不仅能带动材料、设备、能源等行业的发展，同时也促进了金融、法律、咨询等服务行业的繁荣，为国家经济结构调整和产业升级提供了有力的支撑。在经济发展初期，建筑业往往起到了基础设施铺垫的作用，为其他产业的发展提供了必要的物质基础，道路、桥梁、电力、通信等基础设施的建设，为社会生产和生活提供了便利条件，增强了各个经济部门之间的联系，提高了社会经济运行的效率，建筑业还通过扩大固定资产投资对国民经济产生了乘数效应，带动了其他产业的协同发展。作为一个资源消耗和环境影响较为集中的行业，建筑业还推动了新型材料和技术的应用，特别是在低碳环保、节能减排领域，建筑业的革新为推动绿色经济发展发挥了关键作用。从国际视野来看，建筑业对国民经济的贡献是衡量一个国家经济活力的重要指标，发达国家的经济增长在很大程度上依赖于建筑业的持续发展，特别是在基础设施老化和城市更新需求迫切的情况下，建筑业的复苏和扩张往往成为经济复兴的重要动力。而在发展中国家，建筑业的快速扩张则是工业化、城市化的重要推动力量，大规模的基础设施建设使得这些国家的经济增长有了坚实的物质基础。

（三）建筑业的特征与发展现状

建筑业具有独特的产业特征，与其他行业相比，建筑业在生产组织方式、劳动密集度、周期性等方面存在显著差异，建筑业的生产活动具有流动性和多样性，由于建筑项目的地点和性质各不相同，建筑施工通常需要根据具体环境进行调整，这就使得建筑业的生产过程相对复杂。建筑业具有明显的劳动密集型特征，虽然现代建筑技术和设备的应用程度不断提高，但建筑施工仍然依赖于大量的人工操作，尤其是一些特殊工艺和精细操作，必须由经验丰富的技工完成。建筑业的另一个重要特征是其周期性，建筑项目的开发往往受到宏观经济周期的影响，在经济繁荣时期，基础设施和房地产开发活动通常较为活跃，而在经济低迷时期，建筑项目的减少则导致行业萎缩，这种周期性使得建筑企业在经营过程中需要更加注重风险管理，合理规划项目安排以应对市场变化，建筑业的项目规模大、周期长也是其特有的生产特点，一个大型建筑项目从规划、设计到施工、竣工，往往需要数年时间，这就要求建筑企业具备较强的项目管理和资金运作能力。

在当前的全球化背景下，建筑业也在面临深刻的变革，一方面随着数字化技术的发展，建筑业的智能化水平不断提高，建筑信息模型（BIM）、物联网、大数据等新技术正在深刻改变传统的建筑流程，使得设计、施工和运营更加精细化和高效化。另一方面绿色建筑理念正在逐步推广，建筑业必须在追求经济效益的同时更加注重环境保护和资源节约，这一转型不仅要求企业在技术上进行创新，还需要在管理模式和商业模式上做出调整。

二、建筑业对国民经济的贡献

建筑业不仅承担了大量社会基础设施建设任务，同时为国民经济的增长提供了强劲的推动力，是各类产业发展的重要支撑力量。在经济运行中，建筑业不仅直接产生了巨大的经济价值，还通过资源、技术、劳动力等要素的互动，带动了其他关联产业的繁荣。建筑业作为经济发展中的支柱行业，其重要性体现在各个层面。

（一）建筑业的直接经济贡献

建筑业在国民经济中发挥着直接的经济贡献，这不仅仅表现为其产值和增加值对国内生产总值的贡献，还通过资本的积累和扩展，促进了国家整体经济的增长。建筑业属于典型的资本密集型行业，建筑项目往往涉及巨大的资金投入，从而在经济活动中起到了显著的资金聚集效应。大量的资金流入建筑领域，增强了经济活力，并通过建筑工程的实施，形成了实物资产的积累，使得经济基础更加稳固。大型建筑工程，尤其是基础设施项目，不仅提高了生产力水平，也为其他行业提供了发展条件，使整个社会的生产效率得以提升。

建筑业本身的产出具有较大的规模性特点，每年产生的经济价值占据国民经济中的重要比重，这些建筑产值不仅直接转化为经济增长数据，还间接促进了与建筑业紧密相关的建筑材料、设备制造、运输物流等行业的发展。

建筑行业在整个经济链条中扮演着枢纽角色，通过推动基础设施建设，为经济中的其他部门提供了良好的物质和技术基础。建筑业的持续发展，还对资本的循环利用起到了推动作用，大规模的基础设施建设和房地产开发需求，使得资本的投入与产出更加频繁、稳定，对国民经济的贡献也更加持久而广泛。

表 1—2　　建筑业的直接经济贡献

建筑业贡献方面	具体表现	对国民经济的作用
GDP 贡献	建筑业产值和增加值对国内生产总值的直接贡献	显著提升整体经济增长率
资本积累	建筑项目的大规模资金投入，推动资本积累和扩展	增强经济活力，稳定资金循环
实物资产形成	通过建筑工程实施形成的固定资产，增强经济基础	积累物质资本，保障经济长远发展
生产力提升	大型基础设施建设提高了生产力，为其他行业提供支持	提升社会生产效率和整体竞争力
行业关联效应	促进建筑材料、设备制造、物流等相关行业的发展	推动多行业协同发展，强化经济链条

（二）建筑业对就业的拉动作用

建筑业作为劳动密集型产业，对社会就业的拉动作用极为显著，由于建筑行业涉及的工种和岗位种类繁多，涵盖了从建筑设计、工程管理到实际施工的各个环节，因而对不同层次、不同技能水平的劳动者提供了广泛的就业机会。尤其是施工阶段的大量劳动力需求，使得建筑业成为吸纳劳动力的重要行业，不仅为城市劳动力提供了稳定的工作岗位，还为来自农村的劳动人口提供了进城务工的渠道，在一定程度上缓解了农村剩余劳动力的就业压力。

建筑业的就业拉动作用不仅体现在其庞大的用工需求上，更体现在其提供的就业机会的多样性和延续性上，建筑工程的实施周期较长，从项目的设计阶段到竣工验收，往往需要数年时间，这使得建筑业在国民经济中起到了稳定就业的作用。建筑业不仅吸纳了大量的技术工人、管理人员，还为一些临时性、季节性工种提供了就业机会，使得社会各类劳动者都能够在建筑业中找到适合自身能力的岗位，建筑业通过推动相关服务业的发展，也间接扩大了就业规模。建筑项目的规划设计、工程咨询、设备维护等环节，均需要大量的专业技术人员和服务人员参与，这使得建筑业的就业带动效应进一步扩大，为社会创造了更多的就业机会。

（三）建筑业对其他产业的带动作用

建筑业与其他产业的关联性极强，在国民经济中发挥着举足轻重的带动作用，作为一个集多种资源和技术于一体的行业，建筑业对上游产业如钢铁、水泥、玻璃、建筑设备等材料工业有着巨大的需求，促进了这些基础工业的快速发展。每一个建筑项目的实施，都需要大量的原材料和设备投入，这使得建筑业的兴旺能够直接推动上游行业的产能扩张，增加这些行业的市场需求，建筑业通过这种需求带动效应，进一步增强了这些相关产业的生产积极性和经济效益。

建筑业不仅对上游产业产生了带动效应，还通过工程的实施对下游产业，如金融、保险、法律咨询等服务业起到了重要推动作用，大型建筑项目往往需要通过银行贷款、融资等方式获得建设资金，这为金融行业带来了巨大的资金需求和利润空间。建筑行业中的风险管理、合同管理等方面的需求，也带动了保险、法律服务等行业的发展，建筑业的繁荣不仅推动了实体经济的增长，还促进了金融市场的稳定运行和服务行业的繁荣。

从长期来看建筑业的带动效应不仅限于经济效益的直接体现，更重要的是通过改善基础设施条件，为其他产业的发展创造了良好的外部环境，交通运输设施、能源供应设施等基础设施的建设，使得物流成本降低、能源供应更加稳定可靠，这为工业、农业、服务业等国民经济的各个部门提供了必要的物质支持，使得整个国民经济的运行更加高效和协调，建筑业通过这种基础设施建设的溢出效应，为其他产业的创新和发展提供了坚实的基础。

三、建筑业的特征与发展现状

建筑业作为经济社会发展的重要组成部分，具有生产周期长、资金密集、劳动密集、技术复杂等多个特点，深刻影响着国民经济的各个方面，当前随着全球经济环境的变化与技术的进步，建筑业的结构和运行模式也发生了显著的变化，面临着新的发展机遇和挑战。

（一）建筑业的生产周期特征

建筑业的生产周期较长，这不仅是由于建筑项目本身规模庞大、建设复杂，更是由于项目的策划、设计、施工和验收环节需要耗费大量的时间与资源，建筑项目通常需要经过多个阶段，从前期的规划设计到施工过程中的技术实施，再到最后的竣工验收，涉及到的技术与管理环节繁多且复杂。不同于其他制造行业，建筑业的生产具有较强的阶段性和不可逆性，项目一旦进入施工阶段，变更和调整的难度会明显加大，在前期的策划和设计阶段，建筑项目的准备工作往往要花费大量时间。

由于建筑项目的生产周期长，资金占用时间也相对较长，这使得建筑业对资金的流动性要求较高，大量资金在项目的不同阶段都需要进行合理分配与管理，这对建筑企业的资金调度与财务管理能力提出了更高的要求，建筑业还需要应对市场环境的波动与政策变化，这使得项目在建设过程中，会受到外部经济环境的影响，导致生产周期延长或调整，建筑业在项目实施过程中，不仅需要科学合理的时间规划，还需要在不同的建设阶段灵活应对突发情况，确保项目能够顺利完成。

（二）建筑业的资金密集特征

建筑业是典型的资金密集型行业，其资金需求不仅集中在项目的初期阶段，还贯穿于整个项目的施工和运营过程中。建筑项目的实施通常需要大量的资本投入，包括土地购置、材料采购、设备引进、施工劳动力等各个方面，且这些资金的投入在项目未竣工之前很难产生直接的经济回报，建筑业对外部资金的依赖较为明显，建筑企业在项目初期往往需要依赖银行贷款、融资租赁等方式获取资金，以支持项目的顺利进行[①]。建筑项目的资金密集性还体现在其对大规模基础设施建设的需求上。无论是城市化进程中的大型公共设施建设，还是房地产行业的开发项目，都需要巨额资金的持续投入，

① 宗雪锋．建筑经济视角下建筑工程项目管理要点探讨［J］．中国产经，2021（20）：180－181．

且资金回报周期较长。随着建筑规模的扩大与建筑标准的提高，建筑项目所需的资金量也在不断增加，建筑企业在融资方面面临的压力逐渐加大，如何合理规划资金的使用、提高资金的使用效率成为建筑业企业必须重视的重要问题。建筑项目的资金管理还需要考虑到项目进度和成本控制的关系，在项目的不同阶段，资金需求的节奏与施工进度密切相关，建筑企业需要根据项目的实际进展，灵活调整资金的使用计划，以确保项目能够在规定的时间内按期完成，资金的高效管理不仅能够降低项目的融资成本，还能够为项目的顺利实施提供坚实的保障。

表 1－3　　建筑业资金密集特征

资金需求阶段	资金用途	资金来源	资金管理重点
项目初期	土地购置、规划设计、项目融资等前期投入	银行贷款、融资租赁、企业自有资金	获取足够的前期资金，确保项目启动
项目中期	材料采购、设备引进、施工劳动力的资金投入	银行贷款、政府投资、企业流动资金	控制成本，优化资金使用效率
项目后期	竣工验收、装修、后期调试等投入	企业流动资金、银行贷款、股东投资	确保项目按时竣工，减少资金浪费
运营阶段	项目运营、维护与更新的长期资金需求	项目收益、长期投资、维护基金	保障长期运营的资金流稳定性

（三）建筑业的劳动密集特征

建筑业作为劳动密集型行业，涉及到的劳动力需求量巨大，尤其是在施工阶段，需要大量技术工人和普通劳动者的参与，建筑工程项目通常需要大量的施工人员在现场完成复杂的作业任务，从基础施工到主体结构的建造，再到后期的精装修和配套设施的安装，每个环节都离不开大量的人工操作和技术支持，建筑业对劳动力的依赖较为明显，施工现场的人员管理和协调成为项目管理的重要组成部分。建筑业对劳动力的需求不仅体现在数量上，还体现在劳动分工的复杂性和多样性上，建筑工程涉及到的工种众多，施工现场需要不同专业的技术工人，包括土木工程师、电气工程师、焊工、泥瓦工等，每个工种都有其特定的职责和操作流程，要求较高的专业技能水平，这种多样化的劳动需求，使得建筑业在施工组织管理上需要具备较高的协调能力，不仅要保证各工种的合理分工，还要确保各环节的工作能够有序衔接，最大限度地提高施工效率。

虽然建筑业的劳动密集性在推动就业方面具有积极作用，但也带来了项目管理和施工安全的挑战，由于施工现场工作环境复杂，涉及到大量体力劳动和机械操作，如何在保证工作效率的确保施工人员的安全，是建筑企业必须重视的问题，随着技术的进步和智能化建筑设备的广泛应用，建筑业的劳动密集特征正在逐渐向技术密集型转变，如何合理利用现代技术手段，提升施工效率、减少对人力资源的依赖，已成为建筑业发展的新方向。

四、建筑业对社会和环境的影响

建筑业不仅是国民经济的重要支柱，还在社会发展与环境保护中扮演着多重角色，其影响深远而广泛，既包括对经济增长的推动、社会结构的变迁，也涉及对自然环境的影响。分析建筑业对社会与环境的影响，可以更好地理解其在可持续发展中的重要性与责任。

（一）建筑业对社会经济发展的推动作用

建筑业在促进经济增长方面发挥着至关重要的作用，尤其是基础设施建设的完善，为社会的各项活动提供了必要的支持，现代城市的形成与发展离不开建筑行业的贡献，包括交通网络、公共设施、商业建筑等。基础设施建设为居民的日常生活提供了便利，提高了人们的生活质量，并为经济活动创造了良好的环境。建筑行业的繁荣与发展，带动了大量相关产业的发展，包括建筑材料、机械设备、运输物流等，这些产业的联动效应，使得建筑业成为推动经济增长的核心引擎之一。建筑业的快速发展促进了就业机会的增加，在城市化进程中，大量的建筑项目需要大量劳动力参与，从施工人员到管理人员，涉及到的岗位众多，提供了丰富的就业选择。建筑业不仅吸纳了大量的劳动力，特别是从农村和经济欠发达地区转移过来的劳动力，同时也为提升整个社会的技能水平和专业素养做出了贡献。技术工人的培训和发展，使得更多的人能够掌握专业技能，从而提高了整体社会的人力资本水平①。建筑业在推动社会经济发展的也面临着挑战与问题，建筑项目的实施导致土地资源的过度开发、生态环境的破坏，尤其在城市化快速推进的背景下，合理规划和管理建筑项目显得尤为重要，建筑行业需要在促进经济增长的注重环境保护与社会责任的履行，以实现经济、社会与环境的协调发展。

表 1—4　　建筑业对社会经济发展的影响分析

影响方面	具体作用	相关联产业	潜在问题/挑战
经济增长	基础设施建设促进社会经济活动，提升居民生活质量	建筑材料、机械设备、运输物流等	过度开发土地资源
城市化进程	城市建设推动现代城市形成，改善交通网络、公共设施及商业建筑	商业地产开发、公共设施、交通运输	城市拥挤、环境污染
就业机会	大量劳动力需求，特别是从农村和经济欠发达地区转移的劳动力	各级建筑施工人员、工程管理	技术水平差距、培训不足
技能水平提升	技术工人培训提升社会技能，增强人力资本	职业培训机构、技能培训企业	培训体系完善不足
产业联动效应	带动相关产业发展，促进经济结构优化	建筑材料、机械制造、物流运输、服务业等	行业发展不均衡，部分产业发展滞后
环境与资源保护	推进绿色建筑，减少资源浪费及环境影响	可再生资源利用、环保建筑材料	土地资源开发过度、生态环境破坏

① 麻海峰．关于全过程工程造价对建筑工程经济管理的重要性探索［J］．居业，2024（2）：189—191.

续表

影响方面	具体作用	相关联产业	潜在问题/挑战
社会责任	注重社会责任履行，推动经济、社会与环境协调发展	公共管理机构、环保组织	社会责任履行不足，环境与社会问题突显

（二）建筑业对社会结构变迁的影响

建筑业对社会结构的变迁有着深远的影响，尤其是在城市化进程加速的背景下，建筑项目的实施往往推动了人口的迁移、城市的扩张与社会关系的重组，随着新住宅区、商业中心及公共设施的建设，城市的功能与形态发生了显著变化，吸引了大量人口流入，推动了城市人口的增长与社会结构的多元化。新建筑的建设往往带动了周边地区的经济活动，从而促进了商圈的形成与发展，这种商业活动的集中，吸引了更多的服务业进驻，为当地居民提供了更多的就业机会与消费选择，城市空间的优化与人居环境的改善，提升了居民的生活质量，促进了社会的稳定与和谐。在这个过程中建筑业不仅是物质空间的构建者，更是社会关系网络的参与者，通过提供便利的基础设施与服务，促进了人际交流与社会互动。建筑业在改变社会结构的过程中，也引发一些社会问题，城市的快速扩张导致城市贫困化现象的出现，部分低收入人群被迫迁离城市核心区域，进而面临生活条件的恶化，建筑项目的实施过程中，会出现环境污染、交通拥堵等问题，影响居民的生活质量，在建筑行业的发展中，社会责任的意识与行为显得尤为重要，确保建筑项目的可持续性与社会效益，才能真正推动社会结构的积极变迁。

（三）建筑业对环境的影响

建筑业在环境方面的影响不容忽视，其发展往往伴随着资源的消耗和环境的变化，建筑材料的生产、运输及施工过程中的资源消耗，直接影响着自然资源的可持续利用，建筑活动往往伴随有大量的废弃物产生，如混凝土残渣、废旧材料等，处理不当将对环境造成污染。施工现场的扬尘、噪音等环境问题，也是建筑业面临的重要挑战，在城市建设中，施工过程中产生的噪音不仅影响周边居民的生活质量，还对生态环境造成一定影响。噪音和空气污染问题，成为许多城市在建筑业发展中需要重点关注的方面，建筑企业在项目实施过程中，必须采取有效的环境保护措施，减少对环境的不利影响，确保建筑业的可持续发展。近年来绿色建筑和可持续建筑理念逐渐兴起，强调在建筑设计和施工中，充分考虑资源的节约和环境的保护，这一理念的推广，使得建筑业在实现经济效益的关注环境的可持续性，通过使用可再生材料、提高能效、减少废弃物等手段，尽降低建筑活动对自然环境的影响，建筑行业的政策法规也逐渐趋于严格，要求企业在设计和施工过程中，遵循环保标准，最大限度地降低对环境的负面影响。建筑业在推动经济发展和社会进步方面具有不可替代的重要作用，但在环境保护方面也面临诸多挑战。建筑行业需要在快速发展的注重对环境的保护与社会的责任，以实现真正的可持续发展，确保在建设美好未来的能够保护好人类赖以生存的自然环境。

第二节　建筑经济学基础

一、建筑经济学的基本概念

建筑经济学作为研究建筑活动与经济效益之间关系的学科，主要关注建筑产业的经济行为、资源配置、价格形成及市场机制等方面，旨在为建筑项目的决策提供理论基础与实践指导。在当今经济快速发展的背景下，建筑经济学的重要性愈加凸显。

（一）建筑经济学的基本内容与范围

建筑经济学作为一个交叉学科，涉及的领域广泛，涵盖了建筑市场的运行机制、建设项目的经济效益分析、资源配置及其优化、市场需求与供给的动态变化等多个方面，建筑市场的供需关系是建筑经济学研究的核心内容之一，市场供求关系的变化不仅影响建筑材料的价格，还对整个建筑行业的投资决策产生深远影响。供需关系的平衡，决定了建筑市场的稳定与发展，深入分析建筑市场的供求动态，对于实现合理的资源配置至关重要①。建筑项目的经济效益分析也是建筑经济学的重要组成部分，在项目决策阶段，全面评估项目的经济效益，包括投资回报率、净现值等指标，有助于项目投资者做出科学的决策，这一过程涉及对项目生命周期的全面分析，确保在资源配置的基础上，实现建筑项目的最大经济效益，建筑项目的成本控制也是建筑经济学的重要内容，合理的成本控制能够有效提高项目的经济效益，同时降低投资风险。建筑经济学还关注建筑政策与法规对建筑行业的影响，政府的相关政策、市场法规及行业标准，对建筑经济的发展具有重要引导作用，政策的变化往往直接影响建筑行业的投资环境、市场需求及资源配置，了解建筑经济学的基本内容与范围，有助于更好地应对市场变化，提升建筑项目的管理水平与经济效益。

表1－5　建筑经济学的基本内容与核心领域

研究领域	具体内容	影响因素	作用或目标
建筑市场运行机制	分析建筑市场的供求关系及价格变化，研究市场规律	建筑材料价格、市场需求、政策法规	保证市场稳定，促进健康发展
建设项目经济效益分析	评估建筑项目的经济效益，包括投资回报率、净现值等指标	项目规模、资源配置、市场需求	帮助投资者做出科学决策，提升经济效益
资源配置与优化	研究如何在建筑项目中合理配置和优化资源，以提高效率和效益	劳动力、建筑材料、资金	实现资源的最优配置，降低成本，提高效益
市场需求与供给动态	分析市场需求与供给的变化趋势，平衡供需关系，确保市场稳定	消费者需求、投资环境、政策导向	保障建筑市场供需平衡，促进行业良性发展

① 贾峰．"互联网＋"时代下建筑工程管理信息化建设研究［J］．智能建筑与工程机械，2021，003（012）：73－7

续表

研究领域	具体内容	影响因素	作用或目标
项目成本控制	制定和执行合理的成本控制计划，以降低成本和投资风险	工程造价、资金管理、资源配置	提高项目经济效益，降低风险
建筑政策与法规	研究建筑行业的相关政策、法规对市场和项目的影响	政府政策、市场监管、行业标准	引导建筑行业发展，保障合法合规
项目生命周期分析	分析建筑项目从规划到实施再到运营的全过程，确保经济效益最大化	项目规划、资源配置、市场动态	实现项目全周期的经济效益优化

（二）建筑市场供需与价格形成机制

建筑市场的供需关系与价格形成机制是建筑经济学的重要研究内容，深入理解这一机制对于优化建筑资源配置、提升市场效率具有重要意义，在建筑市场中，供需关系的变化直接影响建筑材料的价格及建设项目的整体成本，供需平衡的实现则是保证市场健康运作的基础。建筑市场的供给主要包括建筑材料、施工劳动力及相关服务等，随着建筑项目需求的增加，市场上对这些资源的需求随之上升，建筑材料的价格在市场供需关系的影响下，往往会出现波动，当需求超过供给时，价格会上涨，反之则会下降，施工劳动力的供给也会受到市场需求的影响，劳动力成本的变化会直接影响到建筑项目的总成本，深入分析建筑市场供需的动态变化，有助于预测价格走势，为投资者提供决策依据。

价格形成机制是建筑市场运行的重要环节，建筑市场价格的形成受多种因素影响，包括市场竞争、生产成本、消费者需求及政策法规等，在竞争激烈的市场环境中，价格通常会趋于合理，形成以成本为基础的价格体系，市场需求的变化也会直接影响价格的波动，当某一类型建筑的需求急剧增加时，相关材料的价格会出现显著上升。在这样的情况下了解价格形成的机制，可以为建筑企业制定合理的定价策略提供依据，帮助企业在激烈的市场竞争中占据优势。建筑市场供需与价格形成机制的研究，不仅对建筑企业的决策有重要指导意义，也为政府制定相关政策提供参考，政府在实施宏观调控时，可以依据市场供需情况，适时调整政策，以维护市场的稳定与健康发展，全面理解建筑市场的供需关系及价格形成机制，是建筑经济学研究的重要任务之一。

（三）建筑经济的宏观与微观分析

建筑经济学的研究既包括宏观层面的分析，也涵盖了微观层面的研究。宏观分析主要关注整个建筑行业在国民经济中的地位及其发展趋势，微观分析则着眼于具体建筑项目的经济效益及资源配置情况，这两者的结合有助于全面理解建筑行业的发展动态及其对经济的影响。宏观分析的核心在于研究建筑行业对国民经济的贡献，包括其对 GDP 的影响、就业机会的创造、资源消耗的情况等，建筑行业在经济中的比重反映了一个国家的经济发展水平，深入研究建筑行业的宏观发展趋势，能够为政策制定提供有力支持，宏观经济环境的变化，如利率、通货膨胀率等，对建筑行业的发展也具有重要影响，企业需要时刻关注这些宏观经济指标的变化，以便及时调整自身的战略。

微观分析则聚焦于建筑项目的具体经济行为，包括项目的投资决策、成本控制、收益分析等，在这一层面项目的经济可行性分析至关重要，企业需要评估项目的投资回报、风险水平及资源配置的合理性，确保在复杂的市场环境中做出科学决策，微观分析还涉及到对建筑材料市场、劳动力市场的研究，了解这些市场的供需变化，有助于优化资源配置，提升项目的经济效益①。将宏观与微观分析结合，有助于形成系统的建筑经济学理论体系，为建筑行业的可持续发展提供指导，在制定政策与战略时，既需要考虑宏观经济环境的影响，也要关注具体项目的经济效益与风险管理，以实现建筑行业的全面协调发展。

---

①　袁晓春. 海外工程项目人力资源管理实践与探索［J］. 建筑与装饰，2019（13）：2.

二、建筑市场供需与价格形成机制

建筑市场的供需与价格形成机制是研究建筑经济的重要内容之一，市场供求关系的变化会直接影响建筑材料和服务的价格，进而影响建筑项目的成本与投资决策。对于建筑行业而言，合理的供需关系能够确保市场的稳定发展，而价格的合理形成则是实现资源有效配置的关键，建筑市场的供需状况、价格机制以及相应的调节手段均对建筑项目的经济效益产生重要影响，进而影响国民经济的发展。

（一）建筑市场的供需关系

建筑市场的供需关系是影响价格形成的基础，建筑行业的供给主要包括建筑材料、劳动力、设备等，而需求则体现在各类建筑项目的建设需求中供需关系的变化受多种因素的影响，包括经济增长、政策法规、市场预期等。经济增长的快速发展往往导致建筑市场需求的增加，特别是在城市化进程加速的背景下，基础设施建设、住宅开发等项目纷纷启动，进一步推高了对建筑材料和劳动力的需求。

在建筑市场中供给和需求的动态平衡是维持市场健康发展的关键。当需求过高时，供给不足导致建筑材料和服务的价格上涨，进而提高建筑项目的整体成本，甚至影响到项目的可行性。在这种情况下建筑企业需要通过优化资源配置、提升生产效率等手段来应对市场的压力，而当市场供给过剩时，建筑材料的价格会下降，这种现象在市场竞争激烈的情况下尤为明显。企业必须根据市场的变化调整自身的生产和运营策略，以确保在竞争中占据优势地位，建筑市场的供需关系还受到季节性因素的影响，施工高峰期通常会导致对劳动力和材料的需求激增，进而使得市场供给紧张，这样的情况往往会导致价格波动，给建筑企业的成本控制带来挑战，深入分析建筑市场的供需关系，有助于企业在项目规划和实施过程中做出更加科学的决策，以应对市场的不确定性。

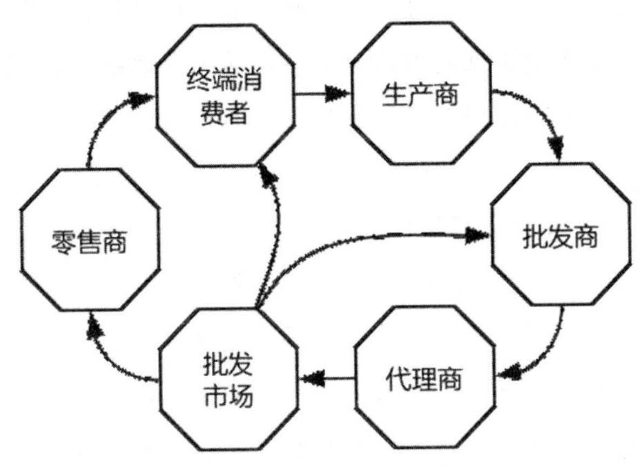

图 1—1　建筑市场的供需关系

（二）价格形成机制

建筑市场的价格形成机制是复杂的，涉及供给、需求、成本、政策等多个方面，供给侧的生产成本是影响建筑材料价格的主要因素，包括原材料的价格波动、生产技术的变化、劳动力成本的增加等，这些因素都会直接反映在市场价格中，需求侧则受市场预期、经济环境以及消费者偏好的影响，需求增加往往会导致价格上升，而需求减少则导致价格下降。

市场的竞争程度也会影响价格的形成。在竞争激烈的环境下，建筑企业为了争夺市场份额，往往采取低价策略来吸引客户，这种现象在建筑行业中非常普遍。价格战虽然能在短期内提高销售量，但长期来看导致企业的利润空间被挤压，从而影响可持续发展，建筑企业需要在价格与市场份额之间找到一个平衡点，避免盲目降价导致的恶性竞争。

政策因素同样在价格形成机制中发挥着重要作用。政府的宏观调控政策、建筑行业的法规、市场的监管等都会影响市场价格，政府实施的税收政策、补贴政策会对建筑材料的价格产生直接影响。在一些国家和地区，政府为了促进建筑行业的发展，会对某些材料提供补贴，从而降低建筑成本，刺激市场需求，这种政策引导作用为建筑市场的健康发展提供了保障。

价格预期在建筑市场的价格形成中也占据着重要地位，建筑企业、投资者、消费者对未来市场价格的预期，会直接影响到他们的投资和消费决策，若市场普遍预期未来价格会上涨，企业会提前囤积材料，以防止价格上涨带来的成本压力，反之如果预期价格会下降，导致企业推迟投资，形成市场供需的波动，建筑市场的价格形成机制是一种动态的过程，需要持续关注市场的变化与发展。

（三）建筑市场的动态调节机制

在建筑市场中，供需与价格形成机制的平衡并不是一成不变的，市场的动态调节机制扮演着重要角色，供需失衡导致价格波动，而价格波动又会反过来影响供需关系的调整，这种相互作用的过程构成了建筑市场的动态调节机制。当建筑市场出现供需不平衡时，市场会自动调节以恢复平衡，在需求激增的情况下，建筑材料价格上升会刺激生产者增加供给，吸引更多资源投入市场，从而缓解供需紧张的局面。反之在需求下降时，价格的下跌又会迫使生产者减少供给，甚至退出市场，以降低损失，这样的调节过程在一定程度上能保持建筑市场的相对稳定，但在剧烈波动的市场环境中，这种自我调节机制并不足以迅速消除供需不平衡，导致市场不稳定。

为了应对市场的动态变化，建筑企业通常需要建立灵活的供应链管理体系，灵活的供应链不仅能快速响应市场需求的变化，还能有效控制成本。在建筑市场需求高峰期，企业可以选择增加库存、调动生产能力，以确保及时满足市场需求。而在需求低迷时，及时调整生产计划、优化资源配置，则能够有效降低库存压力，降低运营成本，这种灵活性不仅体现在生产端，还包括材料采购、项目规划等多个方面。在建筑市场的动态调节机制中，信息的透明与流通也发挥着至关重要的作用，及时、准确的市场信息能够帮助建筑企业做出更为科学的决策，避免因信息滞后导致的市场风险，建设完善的信息平台，加强行业内部的信息共享，有助于各方及时掌握市场动态，实现信息对称，降低市场风险。建筑市场供需与价格形成机制的研究，有助于深化对建筑经济的理解，推动建筑行业的可持续发展，在复杂多变的市场环境中，企业需要灵活应对供需变化、积极适应价格波动，方能在竞争中立于不败之地。

三、建筑经济的宏观与微观分析

建筑经济的宏观与微观分析是理解建筑行业经济现象的基础，对评估建筑项目的可行性及其对经济的影响具有重要意义，宏观分析关注整个建筑行业的整体表现、发展趋势和政策环境，微观分析则集中在单个建筑项目的成本、收益、市场环境和竞争策略等方面，两者相互关联，共同影响着建筑经济的发展，深入探讨这两个层面的分析，有助于全面把握建筑经济的动态变化及其未来发展方向。

（一）建筑经济的宏观分析

建筑经济的宏观分析侧重于国家和地区层面的建筑行业整体状况，主要包括行业发展趋势、政策环境、经济指标及市场需求等多个方面，对建筑行业整体发展趋势的分析，涉及到宏观经济增长、城市化进程、基础设施投资等因素，这些因素在不同阶段对建筑市场的需求产生显著影响①。国家经济的增长往往会带动基础设施建设的加速推进，推动建筑市场的发展，而城市化进程的推进，则会加大对住房和公共设施的需求，进一步刺激建筑行业的增长。在政策环境方面，国家和地方政府的各类政策措施直接影响着建筑行业的运行效率与投资环境，土地政策、税收政策、融资政策等都会对建筑项目的成本和收益产生直接影响。当政府对某些建筑项目给予财政补贴或税收优惠时，会吸引更多投资者进入市场，从而推动建筑行业的蓬勃发展，反之政策收紧则导致市场活跃度下降，进而影响整体建筑经济的表现。

经济指标如GDP增长率、固定资产投资、建筑业增加值等是评估建筑经济宏观运行状况的重要数据。随着经济的增长，建筑行业通常会迎来发展的良机，而固定资产投资的增加则直接反映出建筑市场的需求状况，根据历史数据的分析，建筑行业往往与经济周期密切相关，当经济繁荣时，建筑市场活跃，投资和建设项目增多，而在经济衰退时，建筑市场的活力则受到抑制，这种周期性波动对建筑企业的决策和战略布局提出了更高的要求。宏观

---

① 王治．建筑工程管理中的进度管理对策探索［J］．建材与装饰，2019（1）：2．

经济政策的变化也会对建筑行业产生深远影响，在经济增长放缓或出现衰退时，政府通常会采取宽松的货币政策和积极的财政政策，以刺激经济回暖，这些政策的实施有助于增加市场流动性，降低融资成本，从而为建筑项目的开展创造良好的环境，而在经济景气时，政府会采取紧缩政策，以避免经济过热，建筑企业在制定战略时应充分考虑这些宏观因素。

（二）建筑经济的微观分析

建筑经济的微观分析主要聚焦于个体建筑项目的经济特征，关注具体项目的成本控制、市场竞争、投资回报等方面，在建筑项目的微观层面，成本是影响项目盈利能力的重要因素。项目的直接成本与间接成本构成了总成本，优化成本结构、提高资源利用效率是确保项目成功的关键，对于建筑企业而言，采取合理的成本控制措施，降低不必要的开支，能够在市场竞争中占据优势，从而提高项目的整体经济效益。市场竞争的分析也是微观层面的重要组成部分。在建筑行业中，竞争的激烈程度会直接影响企业的市场策略，企业需要研究竞争对手的市场行为、定价策略和服务水平，从而制定出更为有效的市场应对措施，微观分析不仅包括对竞争对手的分析，还应当考虑消费者需求的变化与市场趋势，这些因素在很大程度上决定了建筑项目的市场定位与发展策略。

投资回报率是微观分析的重要指标之一，建筑项目的投资回报率通常通过净现值、内部收益率等方法进行评估，准确的投资回报分析有助于投资者判断项目的经济效益。在进行项目可行性研究时，详尽的市场需求分析和项目收益预测是不可或缺的环节，确保了投资决策的科学性和合理性，建筑企业应综合考虑市场变化、成本控制与投资收益的平衡，以实现可持续发展。在微观层面项目管理的有效性直接关系到建筑项目的经济效益，精细化的项目管理能够显著提高项目的运营效率，项目管理的各个环节，包括规划、执行、监控和收尾，都需要进行详细的分析与优化。在执行阶段合理的进度安排、资源配置与风险管理将对项目的顺利完成产生积极影响，而在监控阶段，则需要定期评估项目的实际进展与预算执行情况，以确保项目目标的实现。

（三）建筑经济的影响因素分析

建筑经济受到多种因素的影响，分析这些影响因素有助于深入理解建筑市场的运行机制，市场环境、政策法规、技术进步、社会需求等都是影响建筑经济的重要因素。市场环境的变化直接关系到建筑项目的投资与建设，宏观经济形势的好转通常会刺激建筑市场的活跃，而经济衰退则会抑制投资意愿，对市场环境进行科学分析，能够为建筑企业制定长远发展战略提供依据。政策法规的变化也会对建筑经济产生深远影响，政府对建筑行业的监管力度、环保要求、建设标准等方面的规定，都会对建筑项目的开展形成约束。建筑企业在进行项目规划与实施时，需要充分了解相关政策法规，以确保项目的合规性，政策的导向作用在建筑经济中不可忽视，积极响应政策变化的企业能够更好地适应市场环境，提升自身竞争力。技术进步是推动建筑经济发展的另一个重要因素，随着新材料、新工艺和新技术的不断涌现，建筑行业的生产效率和资源利用效率不断提高，这些技术创新不仅降低了建筑成本，还提高了工程质量，使得建筑项目能够更加快速、经济地完成，在进行建筑项目微观分析时，应密切关注行业技术的动态变化，以便及时调整企业的生产和管理策略，增强市场竞争力。社会需求的变化对建筑经济也有着重要的影响，随着人们生活水平的提高，对居住环境和基础设施的要求也在不断提升，这种变化促使建筑企业不断创新，推出满足市场需求的新产品和新服务，在进行建筑经济分析时，必须综合考虑社会需求的多元化和个性化，才能更好地把握市场机会。

四、建筑经济与其他产业的关联

建筑经济不仅在国民经济中占据重要地位，还与其他产业形成了紧密的联系，这种联系不仅体现在资源的相互依赖上，也反映在技术、市场和政策等多方面的互动。建筑行业的健康发展离不开其他产业的支持，同时其他产业也在建筑行业的影响下发生着相应的变化。分析建筑经济与其他产业的关系，有助于全面理解建筑行业的经济价值及其对社会发展的贡献。

（一）建筑经济与制造业的关系

建筑行业与制造业之间的互动关系日益紧密，建筑所需的建筑材料、设备与技术均依赖于制造业的支持，建筑材料如水泥、钢材、砖瓦等，均需通过制造业进行生产，而制造业的创新与发展则直接影响建筑行业的成本与质量。在建筑行业内，随着绿色建筑理念的推广，制造业也在不断适应市场需求，研发更为环保、节能的建筑材料，这不仅提升了建筑行业的整体水平，也推动了制造业的转型升级。制造业的技术进步为建筑行业带来了新的生产方式与施工技术，预制装配式建筑的兴起，促使制造业在产品标准化、工艺流程及质量控制等方面进行深入探索。建筑行业对于高效、精确的施工方式的需求，推动了制造业在自动化设备与智能制造方面的创新与应用，这种协同发展，推动了两者的共同进步，并为建筑行业提供了更高的生产效率与经济效益。建筑行业的发展同时也为制造业创造了新的市场机会，尤其是在基础设施建设加速的背景下，制造业需要不断调整产品结构与市场策略，以满足建筑行业对新材料与新技术的需求，建筑经济与制造业的联系不仅体现在物质生产层面，也反映在两者在市场机制、技术创新与政策支持等方面的互动。

（二）建筑经济与房地产行业的互动

建筑经济与房地产行业密切相关，相互影响、相互促进。房地产行业的发展直接推动建筑行业的繁荣，而建筑行业的技术进步和管理创新则反过来促进房地产市场的健康发展。在房地产市场需求旺盛时，建筑行业面临大量的施工项目，这种趋势推动建筑企业不断提升施工效率与工程质量，以满足日益增长的市场需求。房地产行业的变化往往会直接影响建筑项目的投资决策，市场对住宅、商业或公共设施的需求变化，导致建筑项目的规模和类型发生调整。当房地产市场进入调整期，建筑行业的项目数量也会受到影响，企业需要及时根据市场变化调整战略，以应对潜在的风险与挑战。在这种动态的互动关系中，建筑企业的市场适应能力显得尤为重要，能够有效应对市场波动，确保企业在竞争中立于不败之地。房地产行业的规范与政策也会对建筑经济产生深远影响，政府对房地产市场的调控政策，如限购、限贷、土地拍卖等，直接影响建筑企业的市场准入与项目开发，建筑企业在项目规划与实施过程中，需时刻关注政策变化，以便迅速作出反应，随着人们对居住品质的要求不断提高，房地产行业的高端化与多样化发展，也在推动建筑行业不断创新，以提升建筑设计与施工的专业化水平。

（三）建筑经济与交通运输业的相互关系

交通运输业与建筑经济之间存在密切的相互关系，基础设施建设对交通运输行业的发展具有重要推动作用，反之交通运输业的发展也为建筑行业提供了必要的支持。基础设施建设，如公路、铁路、桥梁等，对交通运输业的效率提升起到了关键作用，良好的交通基础设施能够降低运输成本，提高运输效率，这不仅促进了区域经济的发展，也为建筑行业的原材料运输与产品交付提供了保障。在基础设施建设过程中，建筑行业需要与交通运输行业进行紧密合作，在大型交通工程项目中，建筑企业需要协调运输公司，确保施工所需材料的及时到位，同时还需考虑交通运输对施工进度的影响。在这一过程中建筑经济与交通运输业的协同发展不仅提升了资源的利用效率，也有效推动了两者的技术进步与管理创新。随着城市化进程的加快，交通运输业对建筑行业的需求也在不断增加，城市公共交通系统的建设、城市道路的扩建与改造，均需建筑行业提供专业的施工与设计服务，建筑企业在参与交通基础设施项目时，需要具备先进的施工技术与项目管理能力，以确保项目的顺利实施，交通运输行业的发展对建筑行业的市场需求产生了积极影响，促进了建筑项目的多样化与专业化。

第三节 建筑工程项目管理概述

一、项目管理的定义与范围

项目管理是建筑工程项目成功实施的关键环节，涉及资源配置、进度控制、质量保障等多个维度，确保各方利益最大化并实现项目目标，建筑工程项目管理的定义不仅包含传统的施工管理内容，还涵盖了前期规划、风险控制、以及后期维护等多项内容，范围广泛且复杂，要求极高的系统性与协调性。

（一）项目管理的定义与内涵

项目管理是一种系统性的管理方式，涵盖项目规划、执行、控制与结束的全过程，建筑工程项目管理不同于一般管理，它不仅包含项目的时间、成本、质量三大核心控制要素，还需兼顾安全管理、环境保护、合同管理等各方面，作为一种动态的管理过程，项目管理需要通过精确的规划和有效的实施来确保各个阶段的任务能够按时完成，同时保证项目整体的协调与一致。从时间维度来看，项目管理的定义延伸至项目的每个周期，从前期的可行性分析、设计策划，到后期的施工实施、验收交付，涉及的时间跨度较大，要求项目经理具备超强的协调与组织能力，建筑工程项目管理的复杂性在于它所涵盖的领域广泛，不仅限于工程本身，还涉及到法律、经济、社会等多方面因素，这些都要求在管理过程中进行有效的综合平衡与控制。从目标的角度而言，项目管理不仅仅是为了确保项目如期完成，更多的是要在质量、成本和时间这三个约束条件下，最大限度地满足业主或项目参与者的期望。项目管理的目标不仅仅是完成既定的任务，更在于优化资源配置，提高工作效率，降低风险和不确定性，从而确保项目的整体成功，为了实现这一目标，需要在管理过程中合理使用各种管理工具与技术，实施有效的控制与监督。

（二）项目管理的目标与功能

项目管理的主要目标是确保项目在预算范围内、按预定时间完成，同时保证项目质量达到设计要求，项目管理还需实现风险控制、资源优化配置和项目沟通管理等功能，以确保项目能够顺利进行并达到预期目标，建筑工程项目管理中的每一项功能都是为了达成这些目标而设计的，而如何在实际操作中使这些功能发挥最大效用，则是项目经理面临的核心问题。项目管理的功能涵盖了资源管理、时间管理、质量管理和成本管理等各个方面，在建筑项目中，资源管理尤为重要，因为建筑工程通常需要协调大量的物资、人力和设备，任何一个环节的失误都会导致整个项目的延误或成本超支，资源管理要求项目经理对施工所需的人力、物力、财力进行精确的计划与安排，以确保各个环节能够按时、按质完成。时间管理功能则着重于通过制定详尽的时间计划和进度表，来确保项目各阶段任务的如期完成。质量管理是为了保证建筑工程最终成果符合设计要求和标准规范，这一功能不仅体现在施工过程中的严格监督，还包括验收阶段的质量检测。成本管理则旨在控制项目的整体预算，确保在规定的资金范围内完成所有施工任务，同时保持项目的经济效益最大化。

表 1－6　　项目管理的功能细分

功能类别	具体功能描述	实现工具与方法	关键绩效指标（KPI）
资源管理	规划和调度施工所需的人力、物力、财力，确保项目资源充足且优化	人力资源管理系统、物料调度系统	资源利用率、施工中断时间
时间管理	制定时间表和进度计划，保证各项任务按时完成	项目进度表、甘特图、关键路径法（CPM）	按期完成率、项目进度偏差
质量管理	确保工程成果符合设计要求和质量标准	质量控制流程、施工监督、验收测试	质量检验合格率、返工率
成本管理	控制项目的总预算，确保项目在资金范围内完成	成本估算、成本控制系统、成本分析	预算内完成率、成本超支率
风险管理	识别和应对潜在风险，减少项目实施过程中带来的负面影响	风险矩阵、风险评估、应急预案	风险发生率、应急响应时间
沟通管理	保障项目各相关方之间的有效沟通，确保信息透明和决策科学	会议记录、项目报告、沟通平台	信息传递准确率、问题解决速度

（三）建筑工程项目管理的特征

建筑工程项目管理的特征与其他行业的项目管理相比，具备一定的特殊性，主要体现在其动态性、复杂性、不可逆性以及对资源协调能力的高度依赖，建筑项目往往涉及到多个不同的专业领域和大量的工作环节，因此在实施管理时，必须高度重视各个环节之间的配合与协调，这种复杂性要求项目管理人员具备高度的专业能力和丰富的实践经验，能够在复杂多变的环境下作出快速而有效的决策。动态性是建筑工程项目管理的一个重要特征，项目的各个阶段往往面临不可预测的外部环境变化，政策调整、市场波动、气候条件的变化等，这就要求项目管理人员能够灵活应对突发情况，调整计划并优化资源配置。不可逆性指的是建筑工程项目一旦进入实施阶段，任何重大失误都导致难以修复的后果，因此必须在规划阶段确保设计的精确性，并在实施过程中进行严格的控制与监督。建筑工程项目管理还具有显著的资源密集性特点，建筑项目通常需要耗费大量的资金、人力、物力和技术资源，任何一个资源的短缺或分配不当都会对项目的进度和质量造成严重影响。项目管理人员必须能够对各类资源进行精细化的管理，确保在资源有限的情况下，最大化项目的效率和经济效益，建筑项目的规模通常较大，工期较长，涉及的各类合同和法律问题复杂，管理难度更高，这也决定了建筑项目管理与其他行业项目管理的区别。

二、项目管理的目标与功能

建筑工程项目管理的目标不仅是确保项目按时、按预算完成，还要确保在满足项目技术要求和质量标准的前提下，最大限度提高经济效益，协调参与各方利益，通过合理的资源分配和风险管理，实现项目整体顺利推进，确保项目各阶段之间的无缝衔接并提高施工效率。

（一）时间管理与进度控制

在建筑项目管理中，时间管理与进度控制至关重要，建筑工程项目通常工期较长，涉及多方协作，如果不对每个阶段进行精确的时间管理和进度控制，极易导致延误和成本超支。时间管理并不仅仅是制定一个详细的进度计划，它还包括在整个项目执行过程中不断调整和优化进度表，以适应现实中的各种变化，一个成功的进度控制需要在项目开始前根据实际情况预估各阶段的工期，设定合理的时间节点，并对施工中的每一个环节进行监控和反馈①。如果在某个阶段出现工期延误，需要及时采取补救措施，调整后续任务的执行顺序或者增加人力和设备投入，以确保整体工期不受影响。项目管

① 魏树立．浅谈建筑工程项目施工成本管理与控制［J］．经济与社会发展研究，2020（10）：2．

理人员需要具备良好的预见性和应变能力，对施工现场的实际情况和不可控因素进行快速反应和合理调度，在进度控制中，要特别重视多方沟通与协作，确保各工种、各部门的工作进度协调一致。建筑工程项目中的时间管理和进度控制还需要与其他管理功能紧密结合，资源管理、成本控制等，因为工期的延误往往伴随着成本的增加，而提高工作效率则能够有效节省时间与费用。

（二）质量管理与技术监督

建筑工程项目的质量管理不仅涉及到建筑物本身的结构安全、使用寿命等物理特性，还包括对项目各个环节施工质量的全方位监督，质量管理是项目管理的核心内容之一，建筑工程的复杂性和专业性决定了质量控制必须贯穿于项目实施的每一个阶段，从设计方案的审核、材料的选择，到施工工艺的应用与验收标准的执行，都需要进行严格的质量监督。有效的质量管理应包括制定明确的质量标准和技术规范，在项目实施过程中对每一项具体工作的质量进行跟踪和检查，建筑项目往往涉及多项技术工艺，不同工艺之间的衔接以及施工工序的顺序安排，直接影响到最终的建筑质量，在项目实施过程中，项目管理人员需要与设计师、施工队伍和监理工程师密切合作，确保各项工作按照设计要求和标准规范进行，质量管理还包括对施工过程中所使用的建筑材料进行严格把关，确保所选材料符合国家标准并具备良好的耐用性和环保性，以保障工程质量和安全性。在建筑项目的验收阶段，质量管理更是重中之重，每个细节都需按照规定的标准进行全面检测，保证项目最终成果能够经受住时间和使用的考验，建筑项目的质量不仅关乎项目的成败，更涉及到社会公众的安全和业主的利益，因而质量管理需要项目管理人员具备高度的责任心和专业素养。

（三）成本控制与资源配置

建筑工程项目管理的另一个重要目标是成本控制与资源配置的优化。建筑项目通常耗资巨大，涉及到的资金流动频繁且数额庞大，任何一个环节的资源浪费或者资金使用不当，都对项目的经济效益产生负面影响，在项目管理过程中，必须严格控制项目成本，优化资源配置，以保证项目能够在预算范围内顺利完成，并实现经济效益最大化。成本控制不仅仅是对资金的管理，它还包括对人力、物力、设备等各类资源的优化配置。项目管理人员需要在项目初期制定详细的预算方案，合理分配各项开支，并在项目实施过程中对实际支出进行严格监控。建筑项目的成本控制还需与进度管理和质量管理紧密结合，任何一方面的偏差都会对成本造成影响，工期延误会增加人工和设备的使用成本，质量问题会导致返工增加开支，资源浪费则会直接推高项目成本。为了实现有效的成本控制，项目管理人员还需要善于进行风险预测与控制，通过事先的合理规划和资源调度，降低不可控因素对成本的影响，尤其是在建筑工程项目中，由于不可预见的环境变化、市场波动等，项目的成本控制面临较大挑战，灵活应对这些外部因素、及时调整成本管理方案，是项目管理成功的关键。

第二章　建筑工程经济分析

第一节　建筑工程经济分析的基本要素

一、建筑工程经济分析的核心概念

建筑工程经济分析的核心概念可从成本、效益、投资回报率、风险等多个维度进行阐述，确保分析全面且深入，成本分析通常涵盖直接成本与间接成本的细分。直接成本包括材料、人工及机械使用等，而间接成本则涉及管理费用、现场保障及其它辅助性开支，这些成本的准确计算是建筑工程经济分析的基础。控制成本的有效措施不仅有助于降低项目风险，还能提升项目的经济效益。效益分析主要集中于工程项目所能带来的直接与间接收益，包括但不限于销售收入、租金收益及社会效益等，在这一部分必须综合考虑不同利益相关者的需求与期望，确保分析结果能真实反映工程的实际价值。效益的评估过程应采用定量与定性相结合的方法，以全面展示项目的经济回报，对于建筑工程而言准确的效益分析不仅关乎项目的财务健康，更影响到决策的可行性与未来的发展方向。

（一）成本分析的多维度探讨

在建筑工程经济分析中，成本分析是一项重要内容，其不仅涉及项目的资金投入，还直接影响到项目的整体效益，对于成本的细致剖析能够帮助决策者在工程实施的各个阶段做出更加科学的选择，建筑项目的直接成本包括原材料、人工费用及施工机械的使用等，这些费用在项目初期阶段需被充分估算，以确保资金的有效运用，有效的成本控制不仅能提高资源的使用效率，还能为后续项目提供经验借鉴，减少不必要的浪费。间接成本的分析同样不可忽视，在建筑工程中间接成本主要包括管理费用、办公场所的租赁、现场设施的维护及安全保障等，这些费用往往难以明确分摊至具体的施工项目，但它们对整体工程的经济状况具有直接影响，项目管理者应在项目实施过程中定期评估这些间接成本，确保其控制在合理范围内，避免因间接成本过高而导致的利润下降。除了直接与间接成本，成本的时效性也需被重视，建筑工程的资金流动涉及多个阶段，合理的资金使用策略能够降低财务风险，在资金流动管理中及时的资金调配与周密的财务计划能够确保项目的顺利推进，减少因资金短缺导致的延误与损失，对每一阶段资金的有效监控与合理安排，将显著提升工程项目的整体效益。成本分析还需结合市场因素进行调整，建筑行业受市场供需、原材料价格波动及政策变动的影响显著，动态成本分析能够为决策者提供更加及时与准确的信息支持，在对成本进行定期评估的建议对市场动态进行实时监测，以便在必要时调整成本控制策略，从而保障项目的顺利进行与经济效益的最大化。

表 2－1　　建筑工程直接成本分析

成本类别	具体内容	影响因素	控制措施
材料成本	钢筋、水泥、木材、玻璃等建筑材料	市场价格、运输成本、材料损耗率	大宗采购、供应链优化、减少浪费
人工成本	工人薪资、福利、加班费用	当地劳动力市场、工人工资水平	合理调度劳动力、加强技能培训，提升效率
机械使用	施工机械的租赁或购买费用	机械种类、租赁期长短、维护成本	通过租赁代替购买、合理维护机械设备

（二）效益评估的综合方法

在建筑工程的经济分析中，效益评估是确保项目成功的重要环节，这一过程不仅涵盖了财务收益的计算，还包括社会效益及环境效益的综合考量，建筑项目的效益评估通常可分为定量与定性两大部分，以确保对项目价值的全面理解。定量效益评估主要关注项目的直接经济回报，包括销售收入、租金收益及运营利润等。准确的财务模型是进行定量分析的基础，决策者应建立完整的财务预测模型，以便对未来收益进行科学的预测，在计算过程中必须结合市场趋势及行业数据，以确保所用模型具备一定的前瞻性与可行性，合理的成本预测同样应纳入效益评估中，以避免由于成本控制不当导致的利润波动。定性效益评估则侧重于项目的社会价值及环境影响，建筑工程的成功不仅体现在财务收益上，项目对周边社区、生态环境的影响同样至关重要，在社会效益的评估中，需考虑项目对就业、生活质量及社区发展的促进作用，对于环境效益的分析，则需关注项目的生态友好性与可持续发展能力，确保其在实施过程中不会对环境造成不可逆转的损害。

在效益评估过程中确保不同利益相关者的需求得到平衡是相当重要的，在建筑工程实施前期，管理者需与政府、社区、投资者及施工方等各方充分沟通，确保项目的设计与实施方案能够兼顾各方利益，这一过程不仅有助于提升项目的社会认同感，还能为后续的顺利实施奠定良好的基础。效益评估不仅在项目实施过程中发挥作用，其结果同样为后续的项目决策提供重要参考，基于效益评估的分析结果，管理者能够更好地调整项目方向、优化资源配置，提高项目的整体竞争力。合理的效益评估与全面的分析方法结合，能够为建筑工程的长远发展奠定坚实的基础。

（三）投资回报率的计算与分析

在建筑工程的经济分析中，投资回报率（Return on Investment，ROI）是评估项目财务健康的重要指标。，准确的投资回报率计算不仅有助于理解项目的盈利能力，还为后续的投资决策提供量化依据，计算投资回报率通常需考虑初始投资、运营收益及终期收益等多个因素。投资回报率的计算公式为：ROI=（收益－投资）/投资，根据该公式，计算过程首先需要确定初始投资额，包括土地成本、建筑材料、人工及各项相关费用。准确核算初始投资额是评估投资回报的前提，投资者需关注每一项费用的明细，以便为后续收益计算提供可靠的数据支持，此阶段合理的预算与清晰的财务规划显得尤为重要，确保资金使用的透明性与规范性。

在运营收益的计算中，需综合考虑项目运营期间所产生的所有收益，包括租金收入、销售收入及其他附加收益，为了确保收益计算的准确性，建议采取定期评估与监测的方式，及时调整与优化收益结构。运营收益的持续增长是提高投资回报率的关键，项目管理者需关注市场需求变化，灵活调整运营策略，以确保收益最大化。终期收益的计算同样重要，建筑工程的投资回报往往在项目完成后的一段时间内逐渐显现，评估终期收益时需考虑项目的残值及未来销售潜力，确保对长期回报的合理预估，此阶段管理者应对市场趋势进行深入分析，以便为未来的盈利提供合理的预期。在进行投资回报率分析时，必须结合行业基准进行比较，确保所计算出的投资回报率具备市场竞争力，对比行业平均水平能够帮助决策者判断项目的吸引力，明确其在市场中的定位，考虑到投资回报率受市场波动影响，需定期对投资回报进行重新评估，以便及时调整投资策略与运营计划，确保项目的长期成功与可持续发展。

（四）风险管理的有效策略

在建筑工程经济分析中，风险管理的有效策略能够为项目的成功实施提供重要保障，建筑项目面临多种潜在风险，包括市场风险、技术风险、财务风险及法律风险等，全面的风险识别与评估是制定相应策略的基础。市场风险是建筑工程中常见的风险之一，主要受供需变化、价格波动及竞争环境影响，为降低市场风险，建议定期进行市场调研，获取最新的市场数据与趋势分析，及时调整项目策略与方向，通过对市场变化的敏锐捕捉，项目管理者能够更好地把握市场机会，确保项目在竞争中具备优势。技术风险在建筑工程实施过程中也占据重要地位，技术的不确定性导致施工延误及成本超支，在此方面制定完善的技术方案与风险应对措施显得尤为重要。项目管理者需对技术方案进行反复论证与优化，确保施工过程中所有技术环节均可控，在施工实施阶段应与各技术部门密切沟通，及时解决出现的技术问题，以确保项目的顺利进行。

财务风险同样对建筑工程的成功实施造成显著影响，资金链的紧张导致项目的延误或停滞，为规避财务风险需建立全面的资金管理制度，对资金流入流出进行实时监控，确保资金的合理使用，建议制定详细的财务计划，并设立应急资金池，以便在出现突发情况时，能够及时应对资金需求，从而保障项目的正常运转。法律风险也是建筑工程经济分析中不可忽视的要素，合规问题导致项目的延误及额外费用，项目管理者需重视法律法规的研究与执行，确保在项目实施过程中遵循相关法律法规，避免因合规问题造成的法律纠纷，在必要时聘请专业的法律顾问为项目提供法律支持，将有助于规避潜在法律风险，确保项目顺利完成，通过对建筑工程经济分析中的各个要素的全面探讨，可以看出，项目的成功不仅取决于资金的投入，还需依赖于科学的管理与系统的分析，对成本、效益、投资回报及风险的全面考量，为建筑工程的决策提供了重要的依据，有助于实现建筑行业的可持续发展与效益最大化。

二、项目生命周期与经济分析的关系

项目生命周期是指从项目启动到完成的全过程，涵盖了项目的规划、设计、实施、监控和收尾各个阶段，经济分析起着关键作用，能够有效评估每个阶段的成本、收益和风险，通过对项目生命周期各阶段的经济分析，管理者可以在制定决策时更具科学性，确保资源的合理配置和利用，充分理解项目生命周期与经济分析之间的关系，有助于提高建筑项目的成功率和经济效益。

（一）项目生命周期的阶段及其经济分析

项目生命周期一般可分为五个主要阶段，分别是启动阶段、规划阶段、执行阶段、监控阶段和收尾阶段。启动阶段通常是项目的立项过程，这一阶段的经济分析主要集中在项目的可行性研究，确保项目在财务上具备合理性，可行性分析不仅要考量项目的市场需求、技术可行性，还需进行初步的成本效益分析，评估项目在投资回报方面的潜力，这一阶段的经济分析为后续规划奠定了基础，确保资源的合理投入①。进入规划阶段，经济分析的重点转向预算编制和详细的成本控制，此时项目管理者需要制定详尽的财务计

① 王艳娇．建筑经济视角下建筑工程项目管理要点探析［J］．市场调查信息：综合版，2022（18）：00036－00038．

划，明确各项费用的具体安排，预算不仅包括材料、人工和设备等直接成本，还涵盖了管理费用、预备费用等间接成本，实施敏感性分析和风险评估至关重要，有助于发现潜在的财务风险，并提前制定应对措施，在项目规划阶段进行充分的经济分析，能够显著提高项目的可控性和透明度，确保项目顺利推进。

执行阶段是项目实际运作的过程，经济分析在此阶段主要关注成本控制和收益监测，项目管理者需要对各项费用进行实时跟踪，确保预算的执行情况符合预期。成本控制措施应随着项目进展的变化而进行动态调整，以应对出现的市场变化和突发情况，定期的收益分析也必不可少，只有通过科学的收益评估，管理者才能对项目的经济绩效进行准确把握，及时调整策略以应对市场的波动。监控阶段的经济分析则更加注重项目的绩效评估，确保项目在执行过程中始终处于可控状态，项目管理者需设定各项关键绩效指标（KPI），以便于实时监测项目的经济运行情况，通过定期的财务报告和进度评估，能够迅速发现问题并采取相应措施，确保项目能够按照既定目标顺利推进。监控阶段的经济分析不仅涉及现阶段的财务状况，还应对项目的整体效益进行评估，以为收尾阶段的总结提供依据。收尾阶段通常是项目的总结与反思，经济分析在这一阶段的主要任务是对项目的整体经济效益进行评估，分析项目是否达到了最初设定的经济目标，项目管理者需要对实际成本与预算成本进行比较，分析偏差的原因，并总结经验教训，这一过程有助于提升后续项目的管理水平和经济效益，同时也为项目的相关方提供了重要的反馈信息。

（二）经济分析在项目决策中的作用

经济分析在项目决策中发挥着至关重要的作用，其不仅影响到项目的可行性判断，还对资源配置和风险管理有直接的影响，在项目启动阶段经济分析为决策提供了基础数据，通过对市场需求、投资回报及成本结构的全面评估，能够帮助决策者明确项目的可行性，在这一过程中数据的准确性与可靠性是经济分析成功的关键，决策者需依赖经过严谨分析所得出的数据做出最终判断。在规划阶段经济分析为项目的资源配置提供了科学依据。预算编制过程中，对各项成本的精确估算能够确保资源的合理利用，降低资金浪费的风险，在这一阶段项目管理者应考虑到项目的各项风险因素，通过敏感性分析和情境分析，能够预见项目在执行过程中遇到的挑战，从而制定应对策略，经济分析的深入程度直接影响到项目的整体规划质量，合理的资源配置能够为项目的成功实施提供保障。

执行阶段中经济分析的实时监测和评估能够为项目管理者提供有力支持，在项目实施过程中，定期的财务报告和进度评估有助于及时发现问题并调整策略，经济分析不仅关注成本控制，也应重视收益的监测，确保项目在实施过程中的经济效益最大化，若在此阶段及时调整成本结构或变更资源配置，能够有效应对市场变化，保障项目的顺利推进。在收尾阶段经济分析为项目的总结与反思提供了依据，项目完成后通过对实际成本与预期成本的比较，能够评估项目的经济绩效，在此过程中总结经验教训、分析偏差原因，有助于为后续项目提供改进建议，良好的经济分析能够为项目的成功实施积累宝贵经验，为组织的长期发展提供支持。

（三）项目生命周期经济分析的挑战与应对

在项目生命周期的各个阶段，经济分析面临多种挑战，尤其在复杂的建筑工程中尤为突出。市场的不确定性、技术的快速变化以及政策法规的动态调整，都对项目的经济分析产生重大影响，面对这些挑战项目管理者需采取有效的应对措施，以确保经济分析的有效性与准确性。市场环境的变化导致项目成本和收益的不可预见波动，项目管理者在经济分析时应特别关注市场信息的及时更新，实时监测市场动态，包括原材料价格、劳动力成本及竞争环境等，能够为项目的经济分析提供重要依据，建立有效的市场情报收集机制，定期分析市场趋势，有助于提高项目决策的前瞻性，降低由于市场波动造成的风险。

技术的快速发展也是经济分析面临的一大挑战，在建筑行业新的施工技术和材料不断涌现，技术的变革导致项目的成本结构发生重大变化，在经济分析中，项目管理者需及时评估新技术对成本和效益的影响，确保决策能够适应技术变革的趋势，灵活的应变能力及对新技术的敏感性至关重要，能够使项目始终保持竞争力。政策法规的变化也影响项目的经济分析，政府政策、法规及行业标准的调整直接影响项目的合规性及财务状况，项目管理者需保持对相关政策的关注，确保项目始终处于合法合规的框架内，在进行经济分析时将政策法规的影响纳入考虑范围，能够降低由于合规问题导致的财务风险，保障项目的顺利实施。项目管理者应重视团队的专业能力培养，在项目生命周期的经济分析中，各阶段的有效沟通与协作至关重要，项目团队的专业能力将直接影响经济分析的质量与准确性。定期开展经济分析培训，提高团队成员的分析能力和专业知识，有助于提升项目经济分析的整体水平，从而为项目的成功实施提供强有力的支持。

三、资源配置与经济分析

资源配置与经济分析是建筑工程中不可分割的两个重要组成部分，合理的资源配置能够直接影响工程的成本效益和工期进度，而经济分析则为资源的有效配置提供科学依据，通过深入分析资源的供需情况、使用效率及其经济影响，可以帮助项目管理者优化资源调度，提升项目整体效益，确保建筑工程项目的成功实施和长期经济效益。

（一）资源配置的基本原理与要素

资源配置是指在有限的条件下，将人力、物资、资金等资源合理分配到各个项目阶段和环节，以实现预期的项目目标，建筑工程中所涉及的资源种类繁多，既包括了人工、设备、材料等直接资源，也涵盖了技术、管理、资本等间接资源，资源配置的基本原理在于将有限的资源最大限度地用于产生最高经济效益的部分，以保证项目的经济性和效率。建筑工程的资源配置首先需要明确各类资源的供应状况及其经济价值，不同的资源在供应链中的获取成本和使用效果往往存在较大差异，在进行资源配置时必须全面考虑其经济属性。对于劳动力资源，项目管理者应当分析市场工资水平和劳动效率，并根据项目进展动态调整人员安排，对于物资资源，管理者需要确保物资供应的稳定性，特别是核心建材的采购价格波动对工程总成本影响较大，需要对其进行科学预测与分析。

资源的时间性也是影响资源配置效率的重要因素，某些建筑材料或设备只有在特定时间内投入使用才能发挥最大效益，错过时间窗口则会影响整体工期，项目管理者必须针对不同资源的时间特性合理安排各类资源的供应时间，确保在项目进度的关键节点上拥有充足的资源支持，通过对资源的经济属性与时间性因素进行分析，能够提高项目整体资源配置的合理性。除了经济和时间因素外，资源的使用效率也决定了资源配置的效果，资源使用效率低下会导致浪费，影响项目的经济效益，建筑工程中常见的资源浪费形式包括材料浪费、设备闲置和人工效率低下等，因此在资源配置时需加强对各类资源使用效率的监控与管理。合理调配资源不仅可以减少浪费，还能够缩短项目周期，降低施工成本，提高项目的整体经济效益。

表2—2　　建筑工程资源的经济属性分析

资源类别	获取成本	使用成本	经济效益
人工资源	工资、保险、福利	培训成本、劳动保护费用	提高劳动生产率，缩短施工周期
物资资源	采购成本、运输费用	材料损耗成本、储存成本	控制材料浪费，降低施工总成本
设备资源	租赁费用或购买费用	维护费用、能源费用	提高设备利用率，降低设备闲置成本
资金资源	融资成本、贷款利息	资金管理成本	有效资金调度，降低财务风险
技术资源	技术开发费用、专利购买费用	技术实施与维护费用	提升工程质量和效率，减少返工
管理资源	管理人员薪酬、办公场所租赁费	运营管理成本	优化管理流程，提高执行效率

（二）资源配置对成本控制的影响

资源配置与成本控制息息相关，建筑工程的资源调配效率直接影响到项目的成本结构与资金利用率，有效的资源配置可以减少不必要的开支，提高资金的使用效率，从而实现对项目成本的有效控制。项目管理者通过对资源配置进行科学规划，可以确保各类资源以最低成本达到最佳效果，避免因资源短缺或浪费导致的成本超支。在建筑工程中成本控制的关键在于合理利用有限的资金，保证各个环节的资源投入与经济效益相匹配，资金作为建筑工程项目的核心资源之一，其配置效率决定了项目的资金使用情况[①]。合理的资金资源分配需要考虑到项目的现金流、支付周期以及未来的收益预期，资金资源过度集中于某一环节，导致项目资金链断裂，影响整个工程的进展，反之资金分散过多则会增加管理难度，导致资源浪费和资金使用效率低下。建筑材料的成本控制也是资源配置中的重要内容，建筑材料在整个项目成本中占据了较大比重，其采购与供应的经济性直接影响到项目的总成本，项目管理者在进行资源配置时应根据市场价格的波动趋势和项目需求的变化，制定科学的采购计划，确保材料供应的经济性与及时性。采购过多会导致资金的沉淀和材料的浪费，采购不足则会影响工期进度，增加项目的总成本，通过合理的资源配置，建筑材料的成本可以得到有效控制，从而降低项目的总成本。劳动力成本也是项目资源配置中的一个重要方面。劳动力资源的合理配置不仅包括对工人数量和工时的有效安排，还涉及劳动生产率的提升，管理者在分配劳动力资源时应考虑各类工种的协同工作，避免因人员配备不当导致的施工进度延误和人工成本上升，通过优化劳动力资源的配置，项目管理者可以在保持工程质量的降低人工成本，提高项目的经济效益。

（三）经济分析在资源配置优化中的作用

经济分析为资源配置的优化提供了科学依据，其作用在于通过对各类资源的经济效益进行定量分析，帮助管理者发现资源配置中的不足，并提出改进建议。项目管理者可以借助经济分析，全面评估资源的使用情况，找出最优配置方案，确保资源得到最大限度的利用，经济分析在资源配置优化中不仅关注成本控制，还需要平衡效率与质量的关系，以确保资源的高效利用与项目的整体收益最大化。在建筑工程项目中，经济分析的一个重要应用是成本效益分析，通过对不同资源的成本和预期效益进行比较，项目管理者可以发现哪些资源的投入可以带来较高的回报，从而优先配置这些高效益资源，

① 张欣．建筑经济视角下建筑工程项目管理要点探讨［J］．电子乐园，2021（8）：0108－0108．

在材料选择上，通过经济分析比较不同材料的成本与耐用性，可以选择既经济又耐用的材料，从而减少材料更换频率，降低长期维护成本。

风险分析是经济分析在资源配置优化中的另一个关键应用，建筑工程项目通常面临着多种风险，包括市场价格波动、施工工艺变更、政策法规调整等，通过经济分析对这些风险进行量化评估，项目管理者可以提前做好资源调度的应急预案，避免因风险发生而导致的资源浪费或成本上升，在建筑材料价格波动较大的情况下，提前采购或者分批采购可以有效规避价格风险，从而保持资源配置的稳定性。资源配置中的时间优化也离不开经济分析的支持，通过对项目各阶段的经济效益进行分析，管理者可以根据工程的不同进度阶段，合理调配资源的供应时间，避免资源闲置或供应不足的问题，在项目施工的高峰期，集中调配人力、设备和资金资源，能够确保施工进度顺利推进，而在项目的收尾阶段，减少资源的投入则可以节省成本，提高资金的使用效率。经济分析帮助项目管理者根据项目的实际情况，灵活调整资源配置方案，提高资源利用率，降低项目的总成本。

（四）资源配置中的动态调整与经济效益最大化

资源配置并非一成不变，而是需要根据项目的进展进行动态调整，随着建筑工程的推进，各类资源的需求和供给都会发生变化，项目管理者需要根据实际情况及时调整资源配置方案，以确保项目的顺利实施和经济效益的最大化，动态调整不仅涉及到人力、物资等显性资源的调配，也包括对管理资源、技术资源等隐性资源的调整。建筑工程中的动态资源配置主要体现在两个方面：一是应对外部环境的变化，二是根据项目内部的进度和需求变化进行调整，外部环境的变化包括市场价格波动、政策调整以及自然条件变化等，项目管理者需要根据这些外部因素的变化，灵活调整资源采购与分配策略，当市场上某种建筑材料价格急剧上涨时，项目管理者可以选择延迟采购或寻找替代材料，从而降低材料成本，避免因资源价格波动导致的资金浪费。

项目内部的动态调整则主要体现在对资源的再分配上，随着工程进度的推进，各类资源的需求量会发生变化，在项目的初期阶段，资金和物资的投入较为集中，而在项目的后期，劳动力资源的需求则会逐渐减少。项目管理者需要根据工程的不同阶段，合理调整资源的投入比例，确保各类资源得到有效利用，动态调整不仅能够提高资源的利用效率，还可以缩短项目工期，降低总成本。为了实现资源配置的动态调整，项目管理者需要借助科学的经济分析工具，对各类资源的使用情况进行实时监控，通过对项目的实际成本、收益和资源利用率进行动态评估，管理者可以发现资源配置中的问题，并及时做出调整决策，若某一阶段的劳动力资源使用效率较低，管理者可以考虑减少人力投入，或者调整工人班次安排，以提高劳动生产率，管理者还可以通过对项目的资金流动情况进行动态分析，确保项目始终拥有充足的现金流，避免因资金不足导致的项目延误。经济效益最大化是资源配置的最终目标，为了实现这一目标，项目管理者需要在资源配置的全过程中不断优化配置方案，确保各类资源在项目不同阶段得到充分利用，动态调整不仅能够提高资源的使用效率，还可以降低项目的总成本，从而提高项目的整体经济

四、资金时间价值的应用

资金时间价值是经济学中的核心概念，指的是由于时间的推移，资金的实际价值会发生变化，这种变化体现在资金的购买力、机会成本等方面。在建筑工程项目中，资金时间价值的应用尤为关键，合理计算与利用这一价值能够提高项目的资金利用效率，优化投资回报，从而确保工程经济效益的最大化。

（一）资金时间价值的基本概念与意义

资金时间价值的核心在于，任何一笔资金随着时间推移所能带来的实际价值是变化的，一定数量的资金在不同时间点具有不同的经济效应，原因在于资金在现阶段可以投资以产生回报，或者用于消费以获得直接的效用。而随着时间推移，资金的购买力会因通货膨胀等因素而下降，机会成本增加，使得资金的未来价值与现在相比呈现不同，投资者总是倾向于选择当前的资金，而不是未来的同等资金量，因为现有资金可以进行再投资，从而产生附加价值。

建筑工程项目中涉及的资金时间价值主要体现在项目的资金投入、回报周期和融资安排等方面，通过对项目的各类资金流进行时间价值计算，能够更精确地衡量资金的成本与收益，为项目的资金运作提供科学依据，资金时间价值的应用还可以帮助项目管理者决定最佳的资金使用时间节点，确保资金流动的顺畅，并尽减少融资成本的负担。不同类型的建筑项目由于周期不同，资金时间价值的影响也有所差异，周期较长的项目资金时间成本更为明显，而周期较短的项目则可以相对快速回笼资金，因此在资金管理过程中，必须充分考虑时间价值的影响，以确保项目在不同阶段的经济效益不受时间成本的过度侵蚀。

表 2—3　　资金时间价值的基本概念与要素分析

要素	具体内容	影响因素	意义
现值（PV）	当前时点资金的实际价值，即未来资金折现回来的价值	折现率、时间、未来价值	帮助评估未来资金的当前价值
终值（FV）	未来某一时点资金的价值，即当前资金按一定利率增长后价值	利率、时间、现值	计算当前资金在未来的增值情况
折现率	未来资金折现至现值时使用的比率，与市场利率、风险等相关	市场利率、投资风险	影响现值计算，决定未来收益的折现情况
时间因素	资金投入和回收的时间节点	项目周期、资金流动	资金时间价值随着时间延长而递减
机会成本	选择某一投资项目时，放弃其他投资带来的收益	可投资选择、资金使用效率	评估不同项目机会成本，优化资金配置
通货膨胀	随着时间推移，货币的购买力下降，影响资金的实际价值	通货膨胀率、经济波动	通货膨胀降低未来资金的实际购买力

（二）资金折现与贴现率在工程中的应用

资金折现是一种将未来资金价值转化为现值的计算方法，资金的时间价值决定了未来收到的资金，其实际价值要低于现在相同金额的资金，而资金折现公式则帮助将未来价值转化为当前的实际价值，这种折现手段在建筑工程经济分析中扮演着重要角色，特别是在评估未来现金流的价值时，合理使用折现工具可以使项目的投资收益更具科学性和合理性。贴现率是资金折现计算中的重要参数，反映了资金的机会成本以及风险回报率，对于建筑工程项目来说，贴现率的选择直接影响到未来现金流现值的计算精度①。较高的贴现率会降低未来资金的现值，使得远期收益的吸引力下降，而较低的贴现率则会抬高未来资金的现值，从而影响决策，工程管理者在选择贴现率时，通常需要综合考虑市场利率、项目风险、通货膨胀预期等多种因素。

在建筑工程项目中，资金折现可以用于评估不同投资方案的可行性，在决定是否提前进行某项工程时，通过资金折现计算未来产生的效益现值，项目管理者能够更加清晰地了解提前完成工程所带来的经济回报，从而做出更明智的决策，资金折现还可以用于融资选择的评估，帮助管理者判断不同融资方式对资金成本的影响。不同于简单的现金流管理，资金折现与贴现率的应用有助于工程项目更全面地评估长期投资的经济效果，通过将未来的回报转换为现值，可以更直观地判断项目的投资回报率是否达标，也能够为资金调度和使用策略提供更具参考价值的依据，资金折现不仅适用于大型建筑项目，也适用于中小型项目的经济分析，是建筑工程中不可或缺的资金管理工具。

（三）资金时间价值对投资回报的影响

资金时间价值的影响不仅体现在资金的实际购买力上，也对项目的投资回报有着重要的决定性作用，投资者进行项目决策时，需要考虑资金的机会成本与时间价值，以确定投资是否能够在合理的时间内带来足够的经济回报，在建筑工程项目中，资金时间价值的分析可以帮助管理者确定最佳的投资策略，优化项目的财务结构。投资回报率的计算通常需要考虑资金的时间

---

① 武琴琴．工程项目总承包模式下建筑经济管理与发展分析［J］．大科技，2023：148－150．

价值，尤其是在涉及长期项目时更为明显，项目资金的回报周期越长，未来回报的现值越低，这意味着项目的投资回报率必须足够高，才能弥补时间成本的损失，通过对资金时间价值的科学计算，项目管理者能够对不同的投资方案进行精确的经济评估，选择出在时间和回报上最具优势的投资策略。

资金时间价值的应用还能够帮助项目管理者合理安排项目的资金使用时间节点，在工程项目的不同阶段，资金的使用效率和回报率有所不同，管理者需要根据资金的时间成本，选择最佳的资金投入时机，在项目启动阶段，合理安排资金使用可以提高项目初期的建设效率，降低资金闲置的时间成本，而在项目结束阶段，减少资金的过度投入则可以避免不必要的资金浪费。资金时间价值的分析对于长期投资决策有着重要的指导意义，特别是在复杂的建筑工程项目中，资金流动与回报周期往往较长，通过对资金时间价值的合理评估，可以使项目管理者更加准确地预测投资收益，并根据不同阶段的资金需求进行灵活的调整，这种以资金时间价值为基础的投资策略，不仅有助于提高资金利用效率，还能够在一定程度上降低项目的投资风险。

（四）资本回报率与资金时间价值的平衡

资本回报率是衡量建筑工程项目投资效果的重要指标，而资金时间价值则决定了项目的资金运作效率与回报周期，在项目的资金管理中，如何在资本回报率和资金时间价值之间找到平衡，是保证项目投资效益的关键所在，管理者需要通过科学的资金规划和时间价值分析，确保项目在资金使用效率与资本回报率之间取得合理的平衡，避免因时间成本过高而影响项目的经济效益。建筑工程项目的资本回报率受到多个因素的影响，其中包括项目的建设周期、资金投入量以及市场环境等，而资金时间价值则对资本回报率产生间接影响，因为资金的时间成本直接关系到项目的最终经济效益，管理者需要根据项目的资金使用情况，合理设置回报率预期，确保项目资金能够在合理的时间内带来预期的经济回报。

在资金管理过程中，过度追求资本回报率会忽略资金的时间成本，导致项目的实际回报与预期不符，管理者需要通过资金时间价值的分析，确定合理的回报周期和资金使用计划，以避免资金成本过高影响项目的投资效益，某些建筑项目在前期阶段需要大量的资金投入，但回报周期较长，如果不充分考虑资金的时间成本，项目的最终收益会低于预期。合理安排资金的使用时间，可以有效降低时间成本，优化资本回报率。资金时间价值的计算也有助于控制项目的资金风险，由于建筑工程项目通常具有较长的建设周期和较大的资金需求，资金的流动性和时间成本成为影响项目经济效益的重要因素。管理者通过对资金时间价值的分析，可以制定出更为灵活的资金管理策略，在确保项目资金充足的避免因资金成本过高而导致的项目亏损，资金时间价值的应用不仅能够提高项目的经济效益，还可以在一定程度上降低项目的资金风险。合理利用资金时间价值的分析，项目管理者可以在资金使用的各个环节找到最佳的平衡点，确保资金流动的顺畅与经济效益的最大化，通过对资本回报率与时间价值的综合考虑，项目可以在资金使用效率和收益之间取得最佳平衡，从而为建筑工程项目的成功实施提供坚实的资金保障。在资本密集型的建筑行业中，资金时间价值的应用不仅关系到单个项目的经济效益，更对整个行业的长远发展起到了至关重要的作用。

第二节　建筑工程技术经济分析的基本方法

一、静态分析法与动态分析法

静态分析法和动态分析法是建筑工程技术经济分析中常用的两大类方法，它们在分析问题的角度和考虑的时间维度上有所不同。静态分析法不涉及时间因素，注重的是当前的经济数据和技术状况，适用于短期经济决策；动态分析法则引入了时间的变量，适合于长期项目和那些需要考虑未来变化的工程决策，两者在实际应用中往往互为补充。

（一）静态分析法的原理与应用范围

静态分析法的特点在于只针对某一时间点或较短时间段内的工程经济数据进行分析，忽略了时间对经济效益和成本产生的影响，它通常用于那些建设周期较短或资金回报周期较快的项目。采用静态分析法时，分析者需要集中考虑的是当前的市场状况、材料价格、人工成本、设备费用等，由于没有考虑资金的时间价值，这类方法常用于项目的初步可行性分析和短期投资决策，简单的成本效益比较或直接的成本核算。对于一些无需长期资金投入且对市场变化不敏感的建筑工程项目，静态分析法提供了简单有效的工具，能够在相对较短的时间内提供决策依据，帮助分析项目的即时经济效益。静态分析法的优势在于操作简便、计算过程较为直观，适合对那些资金流动快、投资风险低的建筑工程项目进行经济性评估，由于这一方法不考虑资金的时间价值，因此在评估一些短期投资或成本回收较快的项目时，静态分析法可以提供相对可靠的结论[①]。对于一些基础设施建设项目，小型市政工程，静态分析法可以快速判断项目的经济效益和技术可行性，帮助决策者在短时间内做出投资决定，静态分析法对于建筑项目的部分阶段性工作或单项成本控制也有一定的实用性。静态分析法的局限性也相当明显，尤其是当面对那些建设周期长、回报期慢的复杂建筑项目时，忽略时间因素和资金时间价值导致决策失误。建筑项目中的材料价格波动、利率变化以及市场需求的变化，都是静态分析法无法反映的，在实践中，静态分析法通常只作为初步分析的工具，而对于那些需要长远规划的项目，决策者往往会结合动态分析法进行进一步的深入分析。

表 2－4　　静态分析法的应用范围

应用场景	具体项目类型	使用原因	分析工具
短期建筑项目	小型建筑工程、装修项目、小型商业开发项目	投资周期短、资金流动快，不涉及长期回报	成本效益比较、直接成本核算
初步可行性分析	项目早期的可行性分析、技术可行性评估	用于判断项目是否值得进一步投资	简单的成本收益分析，初步预算核算

① 石华旺，宋维举，张俊连，等．“工程经济与项目管理”课程教材建设探析［J］．唐山学院学报，2024，37（2）：100－103.

续表

应用场景	具体项目类型	使用原因	分析工具
阶段性分析	大型建筑项目中的阶段性评估	分析单个阶段或单项工作的即时经济效益	各阶段的成本核算与收益评估
短期成本控制	市政工程、小型基础设施建设	短期投资风险较低，快速提供决策支持	直接成本控制与核算

（二）动态分析法的核心内容与适用情况

动态分析法在建筑工程经济分析中应用较为广泛，它的核心特点在于引入了时间这一重要变量，能够对项目的长期经济效益进行科学评估，动态分析法考虑了资金的时间价值，能够将未来发生的收入和成本进行折现，以反映它们在现时的经济意义。采用动态分析法时，分析者不仅需要考虑项目的建设成本和运营成本，还需考虑项目在整个生命周期中的各项支出和收入情况，动态分析法通过将未来的不确定性和风险因素纳入分析框架，从而提供更加全面和科学的决策依据。动态分析法的一个重要应用领域是长期建筑项目，特别是那些需要进行大量初期投资，且回报周期较长的基础设施项目，对于此类项目单靠静态分析法往往会低估时间对成本和收益的影响，而动态分析法则能够通过诸如净现值、内部收益率等经济指标，将未来的现金流进行折现，使决策者能够从长期视角对项目的经济可行性进行判断。动态分析法要求对未来的市场走势、技术变化和政策环境进行综合预测，从而帮助决策者评估长期投资的可行性。在动态分析法的具体应用中，常见的指标包括净现值、内部收益率、折现率等，这些指标能够有效地将未来的收入和支出进行统一评估，净现值法能够帮助分析建筑工程项目在整个生命周期中能够产生的净收益，若净现值为正，则说明项目在经济上是可行的，内部收益率法能够通过计算项目的实际投资回报率，判断其是否符合预期收益要求。在实践中，动态分析法在大型建筑项目、房地产开发项目以及城市基础设施建设项目的经济评估中发挥着至关重要的作用。

（三）净现值法与内部收益率法的比较与适用

净现值法与内部收益率法是动态分析法中最为常用的两种方法，它们虽然都考虑了资金的时间价值，但在实际应用中各有侧重，净现值法的优势在于计算相对简单，能够清晰地显示出项目在整个生命周期中所能产生的净收益。其基本原理是通过将项目未来每年的收入和支出进行折现，并将其累加，以判断项目是否能够在经济上带来预期的回报。净现值法的一个关键特点是其计算结果能够直观反映项目在当前时点上的经济效益，若净现值大于零，则表明项目的收益超过了成本。而内部收益率法则是一种更加复杂的分析方法，其核心是通过计算项目的实际收益率，判断其是否超过了企业的最低投资回报率，内部收益率法能够提供一个清晰的参考标准，即若项目的内部收益率大于市场折现率，则表明该项目具有良好的投资前景。与净现值法相比，内部收益率法更注重对项目内部收益情况的分析，能够帮助投资者更好地理解项目的长期回报潜力，内部收益率法特别适用于那些需要通过贷款或融资完成的大型建筑工程项目，因为其能够帮助投资者判断项目的资金回报能力是否能够覆盖借贷成本。两种方法在实践中的适用性并不相同，净现值法适合于那些投资回报较为稳定的建筑项目，能够通过对未来现金流的准确估算，提供较为清晰的经济效益预期。而内部收益率法则更适合于那些资金来源多样、且需要应对较多不确定因素的复杂项目，通过计算内部收益率，投资者可以判断项目的回报率是否符合其风险承受能力。在实际操作中，净现值法和内部收益率法往往结合使用，以提供更加全面和准确的经济评估结果。

二、成本效益分析法

成本效益分析法是一种用于评估建筑工程项目经济性的重要工具，主要通过对项目的全部投入成本和预期收益进行对比，以确定其经济可行性。其核心在于计算项目各阶段所需投入的资源和资金，并与项目完成后预期产生的经济效益进行衡量，从而为项目的投资决策提供科学依据。

（一）成本识别与分类

在进行成本效益分析时，首先需要对项目的成本进行全面的识别与分类，建筑工程项目的成本结构复杂多样，涉及的范围广泛，通常可以分为直接成本和间接成本两大类。直接成本主要包括材料费、人工费、设备费等项目实施过程中不可避免的开支，而间接成本则涵盖了项目管理费用、办公费用以及项目实施过程中产生的各种隐性费用，这些成本的准确识别和分类是确保成本效益分析准确性的前提。尤其是那些在初期容易被忽略的间接成本，往往对项目的总体经济性有着深远的影响，因此必须在分析过程中给予足够的重视。除了基本的直接成本和间接成本，建筑项目中的成本还受到多种外部因素的影响，市场行情的波动、建筑材料价格的上涨以及劳动力市场的不确定性，都会导致项目实际成本的变化，在进行成本识别和分类时，分析者还需要对这些的外部变量进行预估，并将其纳入成本分析的框架中，通过合理的成本分类，可以更加清晰地展示出项目各个阶段的资金需求，为后续的成本效益对比提供坚实的数据基础。

建筑工程项目的规模和复杂性使得成本的控制具有一定的挑战性，决策者在进行成本识别时，不能仅仅停留在当前阶段的预算和计划上，还需对项目全生命周期的成本进行全面分析，建筑物的运营维护费用、技术更新费用以及产生的环境治理成本，都是在项目后期涉及的支出，这些费用若不在成本识别时纳入分析，导致对项目经济性的误判。

表 2—5　　建筑工程项目的成本分类

成本类别	具体内容	举例	对项目经济性的影响
直接成本	项目实施过程中直接发生的、与工程活动直接相关的成本	材料费、人工费、设备租赁费、施工机械费用	直接影响工程实施，易于识别和量化
间接成本	无法直接分摊到具体工程活动中的成本，通常与项目的管理和支持相关	管理费用、办公费用、通信费用、安全保障费用	常被忽视，但对项目总体经济性影响深远
隐性成本	在项目初期不容易被发现或忽略的潜在费用	不确定的材料费用上涨、未来环境治理费用、风险应对费用	需要提前预估和监控，避免超出预算

续表

成本类别	具体内容	举例	对项目经济性的影响
外部变量成本	由于外部市场、政策等因素引起的成本变化	材料市场价格波动、通货膨胀、劳动力市场不确定性	导致实际成本变化，需进行敏感性分析
生命周期成本	包括项目从规划到运营期间的全部成本	运营维护费用、技术更新费用、环境治理费用	影响项目长期经济效益，需纳入整体成本规划

（二）效益评估的多维考量

成本效益分析中的效益评估环节极为关键，直接影响到项目的经济可行性判断，在建筑工程项目中，效益不仅包括直接的经济收益，还涵盖了社会效益、环境效益等多方面的内容，进行效益评估时，需要采用多维度的视角，全面考量项目带来的各种形式的价值。经济效益作为最基础的考量标准，通常指的是项目在运营后的直接收入，如建筑物的租金收益、销售收入等，经济效益的计算相对直接，依赖于市场需求、项目定位等因素，但也容易受到外部市场环境变化的影响。与经济效益不同，社会效益则难以量化，但在建筑工程项目中同样具有重要意义，某些基础设施建设项目虽然经济回报并不明显，但却能够大幅提升区域居民的生活质量，促进社会经济的均衡发展，社会效益的评估在成本效益分析中应当被重视，这类项目带来的潜在价值应纳入评估范围。

环境效益在建筑项目的效益评估中占据着日益重要的地位，绿色建筑理念的推广、节能环保技术的应用，逐渐使得建筑项目的环境效益成为重要的考量标准。对环境资源的保护、能源使用的合理性以及建筑项目对周边生态环境的影响，都会在效益评估中占据重要地位，这类效益虽然不直接表现为项目的经济收入，但其对项目长期可持续发展具有深远影响，因此必须在成本效益分析中给予充分考虑，通过对多维效益的综合评估，能够为项目的决策者提供更加全面的经济分析框架。

（三）折现率的确定与资金时间价值的考量

在进行成本效益分析时，折现率的确定是一个至关重要的环节，直接影响到最终分析结果的准确性，由于建筑项目通常涉及较长的实施周期和回报期，因此资金的时间价值成为了分析过程中不可忽视的因素。折现率的合理选取，可以帮助分析者将未来的不确定现金流折算为当前价值，从而更好地评估项目的经济性，折现率的确定需要考虑市场利率、资金成本、通货膨胀率以及项目的风险水平等多种因素。资金的时间价值意味着同样数量的资金在不同时间点上具有不同的价值，对建筑项目而言，项目建设阶段的资金投入较大，而收益则往往集中在项目运营阶段，如何将未来的收益折算为当前的价值，成为了成本效益分析中的一个核心问题。若折现率选择过低，则高估项目的经济收益；若折现率选择过高，则导致项目的潜在效益被低估，折现率的确定不仅需要考虑当前市场环境，还需要根据项目的风险特征进行灵活调整。对于那些风险较高、市场环境波动较大的项目，通常需要选取较高的折现率，以反映其潜在的不确定性。而对于那些政府支持的公共建筑项目，由于其社会效益和长期稳定性，折现率可以适当降低，从而凸显其长期经济性，通过合理的折现率设定，决策者能够在成本效益分析中更加准确地判断项目的经济性，并为项目的最终投资决策提供科学依据。

三、净现值法与内部收益率法

净现值法与内部收益率法在工程经济学中被广泛应用，主要用于评估建筑项目的经济效益与投资可行性，净现值法侧重于将未来的现金流折现到当前时点，衡量项目的实际收益，内部收益率法则是通过计算项目自身的盈利能力来判断项目的可行性，两者在建筑工程项目决策中发挥着不可替代的作用。

（一）净现值法的基本原理与应用场景

净现值法的核心思想在于将项目在不同时间段的现金流，依据一个设定的折现率进行折现，将未来收益转换为当前的经济价值，并通过比较折现后的净收益和初始投资，判断项目是否具有经济可行性。项目的净现值为正，意味着项目在经济上是有利可图的，反之则说明项目面临亏损风险，该方法在长期投资项目中应用较广，尤其适用于那些需要长期投入并期望产生稳定收益的建筑工程项目。净现值法的一个显著特点是能够精确反映项目在其生命周期内的经济效益，且通过设定合理的折现率，还能充分考虑通货膨胀、市场波动、利率变化等外部因素对项目收益的影响，通过这种方式，决策者能够清晰了解项目的净收益水平，并做出更加科学的投资判断，由于建筑项目往往涉及到较大的资本投入以及较长的回收周期，净现值法在这些项目中尤为重要。净现值法对折现率的设定要求较高，不同的折现率会显著影响净现值的计算结果，折现率的选择需要基于当前市场状况、资金成本、项目风险等多个因素进行科学评估，如果折现率设定过高，会低估项目的经济效益；反之设定过低则会导致项目的收益被高估，在进行净现值分析时，必须确保折现率的合理性，以避免决策偏差。

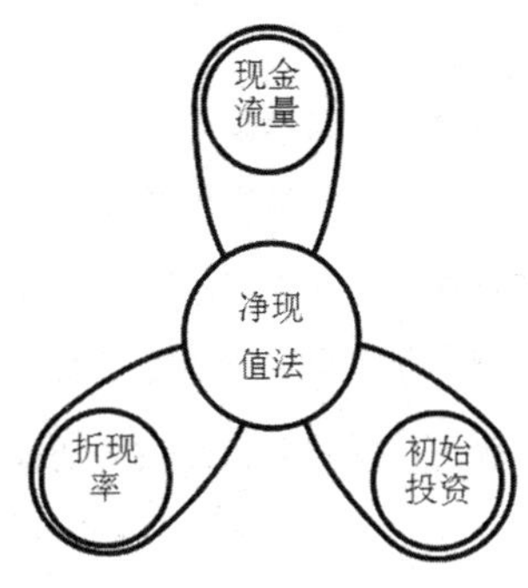

图 2—1　净现值法关键要素

（二）内部收益率法的优点与限制

内部收益率法通过计算项目的内部收益率，得出项目的实际回报率，并将其与投资者的预期收益进行对比，以判断项目是否值得投资。项目的内部收益率高于预定的折现率，意味着项目具有较强的盈利能力，反之则说明项目的经济效益不够理想。与净现值法不同，内部收益率法更注重项目的内部回报潜力，通过计算项目的内部收益率，可以为投资者提供一个直观的收益预期，方便其做出合理的投资决策。内部收益率法的一个显著优势在于，它能够提供一个独立于折现率之外的收益参考值，无需像净现值法那样依赖于折现率的设定，内部收益率法在不确定市场环境中的应用较为广泛，特别是在折现率较难精确预测的情况下，内部收益率法能够为决策者提供相对独立的经济判断依据，由于建筑项目的资金来源复杂且资金回报周期较长，内部收益率法在这些长期工程中显得尤为重要。尽管如此内部收益率法也存在一定的局限性，在面对多重投资或资金回流的复杂项目时，内部收益率法会出现多个解，从而导致判断结果的不确定性。内部收益率法对现金流的平稳性要求较高，若项目的现金流波动较大，内部收益率法无法准确反映项目的实际经济效益，内部收益率法无法衡量项目的绝对收益，因此在多个项目之间进行选择时，内部收益率法无法提供足够的对比参考，面对这些限制，通常需要结合其他方法进行综合分析，以提高决策的科学性。

表 2－6　　内部收益率法的优点与限制

类别	内容
优点	
提供独立参考值	内部收益率法提供了一个与折现率无关的收益参考值，可以帮助投资者在不确定市场环境中做出独立的投资决策。
直观的收益预期	内部收益率法计算出的内部收益率直接反映项目的回报潜力，方便投资者评估项目的盈利能力。
适用于长期项目	在如建筑项目等资金回报周期较长的项目中，内部收益率法能够有效评估长期项目的经济效益。
市场环境不确定性	内部收益率法在折现率难以精确预测的情况下，依然可以作为一种相对稳健的决策依据。
限制	
出现多个解	在面对复杂的投资项目（如多重投资或资金回流的项目）时，内部收益率法会出现多个解，导致决策的不确定性。
对现金流要求高	内部收益率法对现金流的平稳性要求较高，若现金流波动较大，无法准确反映项目的实际经济效益。
无法衡量绝对收益	内部收益率法只能衡量项目的回报率，但无法提供项目的绝对收益，导致在多个项目之间进行选择时，内部收益率法无法提供足够的比较依据。
需要与其他方法结合	由于其局限性，内部收益率法通常需要与其他评估方法（如净现值法等）结合使用，以全面评估项目的经济性并提高决策的科学性。

（三）应用过程中的误区与优化策略

在建筑工程项目中，尽管净现值法与内部收益率法是经济评估的重要工具，但在实际应用过程中，仍存在一些容易被忽视的误区，在进行净现值法计算时，折现率的设定往往成为影响结果的关键因素。过高或过低的折现率都导致项目收益的误判，如何合理选择折现率，成为净现值法应用中的一个重要挑战。决策者在选择折现率时，需综合考虑项目的风险特征、市场利率、通货膨胀等因素，并通过多重情景分析，确保折现率设定的科学性与合理性。在应用内部收益率法时，存在忽视现金流波动对结果影响的现象，建筑项目的资金回流并不总是呈现线性增长，特别是对于那些涉及多阶段投资的项目，内部收益率法出现多个解，导致项目经济性判断的复杂化。为了避免此类问题，分析者需要对项目的资金流进行详细规划，并通过敏感性分析，评估不同情景下的资金回报率变化情况，只有在充分理解项目现金流特征的前提下，才能确保内部收益率法的应用准确性。过度依赖某一种分析方法也是项目决策中的一个常见误区。建筑项目的复杂性决定了其经济评估不能依赖单一指标，单独使用净现值法或内部收益率法都导致评估结果的偏差，决策者在实际操作中，应当根据项目的具体特征，结合其他分析方法，如敏感性分析、回收期法等，全面评估项目的经济性，通过多种方法的综合应用，不仅能够更好地把握项目的收益特征，还能够在项目风险管理中提供更加全面的决策支持。为了提高净现值法与内部收益率法的应用效果，决策者还应加强对项目未来市场环境的预测，并定期调整经济评估模型，确保其始终能够反映市场变化，通过这种动态调整，建筑项目的经济评估将更加精准，有助于提高投资决策的科学性与灵活性。在实践中，优化评估模型、加强市场分析以及结合多种评估工具，能够有效避免净现值法与内部收益率法在应用中的局限性，提高项目经济决策的成功率。

四、盈亏平衡分析法

盈亏平衡分析法是建筑工程经济分析中的一种重要工具，旨在通过找出项目在不同成本结构和收入水平下的盈亏平衡点，帮助决策者识别项目在各种运营条件下的最低经济要求，通过这种分析方法，能够有效评估建筑项目在投入产出之间的关系，并判断项目能否在实际运营中实现预期的财务目标。

（一）盈亏平衡点的定义与计算方法

盈亏平衡点是盈亏平衡分析的核心，它表示在某一特定的销售量或产出水平下，项目的总收入刚好等于总成本，既无利润也无亏损，通过计算这一点，可以帮助决策者明确项目在最差经济状况下需要达到的最低产出要求。盈亏平衡点的确定不仅涉及固定成本和可变成本的计算，还需考虑项目的收入结构和市场定价策略，盈亏平衡分析的首要任务就是准确计算固定成本与可变成本，并基于这些成本与收入的对比来确定盈亏平衡点。固定成本是建筑项目在一定产出水平下不随产量变化而改变的费用，包括管理费用、设备折旧、场地租赁等，这类成本不受施工进度或市场需求波动的影响，因此在盈亏平衡分析中是相对固定的因素。可变成本则随项目施工进度或生产规模的变化而变化，诸如材料费用、人工费用等，在建筑项目的实际运营中，这部分成本占据了较大的比例，通过确定固定成本和可变成本之间的关系，可以有效计算出项目的盈亏平衡点，并为决策提供依据。除了成本的分析，收入结构的构建也是盈亏平衡点计算的关键，项目的收入结构受市场定价、需求量以及合同条款的影响，建筑工程中的收入往往存在较大的不确定性，因此决策者在进行盈亏平衡分析时，必须对市场环境有准确的预期。在计算盈亏平衡点时，收入和成本之间的对比关系需要被精确量化，项目的销售收入若能覆盖总成本，项目即可实现盈亏平衡，反之则导致亏损，盈亏平衡点的计算不仅是项目经济分析中的一个技术环节，更是项目成败的关键指标。

图 2—2　影响盈亏平衡点的因素

（二）盈亏平衡分析在建筑项目中的应用价值

盈亏平衡分析不仅是一种经济评估工具，更是项目风险管理中的重要组成部分，在建筑项目的经济分析中，盈亏平衡分析能够为项目的可行性评估提供基础数据支持，通过盈亏平衡点的计算，项目管理者可以明确项目的最低收入要求，并预估项目在不同产出条件下的盈利能力，尤其是在市场波动较大的情况下，盈亏平衡分析可以为项目提供一个清晰的风险预警指标，帮助决策者评估市场下行时项目是否能够维持正常运营。建筑项目往往具有较大的投资规模和较长的建设周期，因此在运营过程中，市场需求、材料价格、人工成本等多方面的波动都会对项目的盈利能力产生影响。盈亏平衡分析通过对项目的成本与收入进行动态对比，能够有效评估项目在不同市场条件下的盈亏能力，帮助管理者判断项目的运营安全边际。当项目的实际收入低于盈亏平衡点时，项目将面临亏损风险；而当收入超过盈亏平衡点时，项目则进入盈利区间，通过盈亏平衡分析，项目管理者能够提前识别潜在的经济风险，并根据分析结果及时调整运营策略。盈亏平衡分析还能够为项目的投资决策提供科学依据，建筑项目的资金需求较大，投资者在进行项目评估时，往往需要依靠盈亏平衡分析来判断项目的投资回报潜力。盈亏平衡点的计算能够明确项目在不同市场条件下的资金需求和投资风险，从而帮助投资者合理分配资金，并选择最优的投资时机，盈亏平衡分析还能够帮助项目管理者在实际运营中，优化资源配置，减少不必要的支出，提高项目的运营效率，进而提升整体的经济效益。

（三）盈亏平衡分析与风险管理的结合

盈亏平衡分析不仅是一种经济评估工具，更是项目风险管理中的重要组成部分，在建筑项目的运营过程中，盈亏平衡点的变化往往与市场风险密切相关，通过盈亏平衡分析，项目管理者可以及时发现项目在不同市场条件下的盈亏状况，并对潜在的经营风险做出提前预警，尤其是在建筑项目的前期规划阶段，盈亏平衡分析可以为项目的成本控制和市场定价策略提供重要参考，帮助管理者降低项目的经营风险。风险管理在建筑项目中占据着至关重要的地位，特别是在市场环境复杂多变的情况下，盈亏平衡分析能够帮助决策者评估项目的安全边际，并为项目的风险应对提供数据支持。当市场环境恶化，项目收入下降至盈亏平衡点以下时，项目将面临较大的亏损风险，通过盈亏平衡分析，决策者可以提前采取风险控制措施，诸如调整施工进度、降低成本、重新制定市场定价策略等，以确保项目在不利的市场条件下依然能够维持正常运营。

盈亏平衡分析与风险管理的结合还能够帮助项目管理者制定更加科学的运营决策，建筑项目的资金流动较大，投资者在项目实施过程中，往往需要根据市场环境的变化，灵活调整项目的投资规模与运营策略。盈亏平衡分析通过揭示项目在不同收入水平下的盈亏能力，能够为投资者的资金管理提供科学依据，帮助其合理分配资金，并根据市场波动灵活调整投资策略，盈亏平衡分析还能够为项目的长期发展提供战略支持，通过定期更新分析结果，管理者可以有效监控项目的经济表现，并为项目的持续改进提供可靠的决策依据。

第三章　建筑工程项目经济分析与评价

第一节　建筑工程经济效果评价的方法

一、经济效果评价的目的与原则

建筑工程经济效果评价的目的在于全面衡量项目的经济效益，确保资源合理配置，实现效益最大化，经济效果评价不仅要考虑项目的财务收益，还需关注社会、环境等多方面的效应，其原则包括效益优先、综合性分析、长期性视角和风险管理等，为项目决策提供科学依据。

（一）效益优先原则的核心及其在评价中的应用

建筑工程项目的经济效果评价应当将效益优先作为核心原则，该原则的核心在于，任何建筑工程项目的经济价值和效益都应是评价过程中的首要考虑因素，项目必须确保在资源投入后能够实现足够的经济回报，且能够在可接受的时间内回收成本并产生收益。在评价过程中，需要详细考虑项目的预期收益、成本结构、现金流情况，并将这些数据通过合理的分析工具进行评估，以判断项目的经济效益是否达到预期水平，这种评价不仅涉及财务指标的核算，更需要结合市场环境的变化进行动态的调整，特别是针对市场需求、价格波动、政策导向等影响因素的综合分析。效益优先原则要求项目在确保经济效益的必须平衡其他风险因素，确保项目在风险可控的前提下实现最大的经济回报。评价的结果将直接影响到项目是否获得批准及其最终投资规模，决策者依赖于此判断项目是否值得投入资源以及资源的配置方式。在实际操作中，效益优先原则不仅仅局限于短期的财务回报，还需考虑长期的市场竞争力和可持续发展潜力，项目的盈利能力需要经过详细的市场预测、成本控制和收益预期分析，才能得出科学结论。决策者必须确保每一笔投入都能够在最合理的时间内产出最大化的回报，进而保证项目在激烈的市场竞争中能够立于不败之地，这种基于效益优先原则的评价不仅为项目投资提供了科学依据，也为建筑工程的持续发展奠定了基础。

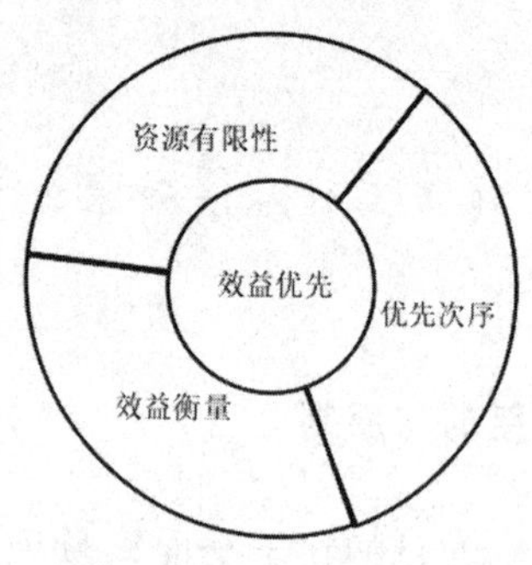

图 3－1　效益优先原则

（二）综合性分析的必要性与多维度考量

建筑工程项目的经济效果评价不仅限于单一财务维度，综合性分析是评价的另一关键原则，要求在评估过程中结合多重因素，从多维度对项目进行审视，这一原则的提出，源于建筑工程项目的复杂性，项目的经济效益不仅仅依赖于直接的资金投入与产出之间的简单对比，更多的是要从技术、社会、环境、政策等多个方面综合衡量，确保经济与非经济因素均得到有效考虑。综合性分析的必要性在于，建筑工程项目往往涉及长期的资金使用和复杂的施工环节，单纯从经济角度进行评价，无法全面反映项目的实际效果①。评价中需考虑的不仅是投资回报，还包括技术风险、市场需求变化、政策法规影响、环境保护等一系列外部条件，通过综合性分析，项目的整体效果才能被科学、客观地反映，从而为决策提供更为全面的依据。在进行综合性分析时，需通过多个维度的结合进行深入探讨，项目的技术可行性、施

① 韩斌．建筑工程经济在工程管理中的价值及运用分析［J］．建材与装饰，2024（007）：020.

工难度、资源配置、管理水平等都对经济效果产生重要影响，评价者必须掌握足够的数据支持，并结合外部环境的变化，对项目的多重因素进行量化评估。综合性分析不仅仅是为了追求效益最大化，更重要的是保证项目的可持续性和长期稳定性，避免因单一因素的变化而导致项目整体的经济效果下滑。

（三）长期性视角与风险管理在评价中的结合

建筑工程项目通常涉及较长的建设周期和运营时间，长期性视角在经济效果评价中尤为重要，决策者在进行经济效果评价时，必须充分考虑项目全生命周期内的经济表现，而不能仅仅关注项目建设初期的资金投入与短期收益。长期性视角要求在评价过程中，考虑项目在运营过程中的维护成本、市场需求的长期变化趋势、技术更新迭代等因素，确保项目在整个生命周期内始终保持较高的经济效益。项目的长期性视角不仅要求对未来的市场需求进行合理预测，还需要结合政策导向、科技发展等外部条件，评估项目在长远发展中的市场竞争力，建筑工程项目一旦投入运营，往往会面临市场需求的波动、技术革新带来的挑战等诸多不确定性因素，长期性视角下的经济效果评价必须具备前瞻性，能够对未来的市场和技术变革做出合理预判，从而为项目的可持续发展提供可靠的保障。与长期性视角相结合的，是项目的风险管理要求。在经济效果评价中，不可避免地需要对项目的各类风险进行充分识别与应对，建筑工程项目的风险不仅限于技术层面，经济风险、政策风险、市场风险等都需要在评价过程中予以全面考量。只有在明确各类风险的前提下，才能准确评估项目的长期经济效益和稳定性，风险管理在项目经济效果评价中的地位不容忽视，合理的风险评估和管理能够有效降低项目的经济损失，并确保项目在不确定的市场环境下稳步推进。

二、财务评价与国民经济评价的区别

财务评价与国民经济评价在建筑工程项目的经济分析中具有不同的侧重点。财务评价主要关注项目本身的经济效益，强调企业或投资者的资金回报，而国民经济评价则立足于宏观视角，衡量项目对国家或社会整体经济的贡献与影响，两者在评价目标、方法、和范围上都存在显著差异。

（一）评价目标的不同与应用方向的差异

财务评价的核心目标在于评估项目是否能够为投资者带来直接的经济回报，并以此为依据判断项目的可行性与投资价值。其关注点集中在现金流、利润率、投资回报率等与项目财务表现直接相关的指标上，这种评价方法通常基于企业的视角展开，强调资金的流动性、成本控制以及项目的资本回报能力，最终目的是确保项目能够在短期或长期内为企业创造经济利益，并满足投资者对回报的预期①。相较之下国民经济评价则从国家整体经济发展和社会福利的角度出发，重视项目对社会、环境、和国民经济的综合影响，其核心目标不再局限于项目的直接财务收益，而是扩展到公共利益和经济外部效应的分析，衡量项目在推动经济增长、创造就业机会、提升社会公共福利等方面的贡献。国民经济评价不仅考虑了项目的经济效益，还涉及社会效益、环境效益等非经济因素，特别是在大型基础设施项目或公共工程项目中，国民经济评价是国家政策制定与项目审批中的重要参考标准。

两者在应用方向上也存在显著差异，财务评价通常应用于企业或投资者内部的决策过程中，为项目投资和资源配置提供依据，而国民经济评价则多用于政府层面的决策支持，帮助政府评估项目是否能够促进国家整体经济的健康发展，并保障社会利益的实现，财务评价更多地服务于个体经济主体的利益，国民经济评价则面向国家宏观经济和公共利益，是不同层面的经济分析工具。

（二）评价范围与分析内容的差异

财务评价在分析内容上主要聚焦于项目的内部经济效益，强调项目的盈利能力与资金周转情况，分析的范围主要限于项目的收入、成本、利润以及现金流等与财务表现直接相关的指标。其基本分析工具包括现金流量表、资产负债表、利润表等财务报表，目的在于为投资者提供项目经济回报的清晰画像，帮助企业合理调配资金并确保项目的财务健康。在这种框架下，财务评价的关键在于确定项目的资本回报周期、投资回报率以及资金的内部收益

① 祁晓波．建筑工程施工项目管理措施探讨［J］．建筑工程技术与设计，2018，000（017）：3542.

率，最终判断项目是否具备足够的投资价值和财务可行性。

国民经济评价则涉及更为广泛的分析内容，其评价范围不仅包括项目本身的经济效益，还涵盖社会效益、环境效益、区域经济发展、资源利用效率等多重维度。国民经济评价通常需要借助更为复杂的经济模型，如投入产出模型、社会成本收益分析等，深入分析项目在国民经济体系中的整体效应，项目是否能够提升区域经济活力、改善社会基础设施、降低环境污染、促进技术进步等，都是国民经济评价需要考虑的重要内容。国民经济评价还特别注重外部性分析，即项目对社会产生的外部效益或外部成本，建筑项目带来的环境保护、交通改善、能源节约等正面效应，或产生的噪音污染、资源消耗等负面效应，都会纳入国民经济评价的考量范围。而这些因素通常不会在财务评价中得到充分体现，因为财务评价仅关注项目对企业的内部财务表现，不涉及其对外部社会经济系统的影响，财务评价的分析内容较为单一和具体，国民经济评价则更为复杂和宏观，需要从全局角度进行系统分析。

（三）方法与技术手段的不同

在技术手段的应用上，财务评价与国民经济评价也呈现出明显的差异，财务评价依赖于传统的会计核算和财务分析工具，主要借助现金流量折现、投资回报率计算、成本效益分析等常规的财务技术手段来评估项目的经济效益，这些方法具有简洁明了、操作性强的特点，适用于短期投资决策和项目内部的资金管理。现金流折现法、净现值法、内部收益率法等都是财务评价中常用的分析工具，通过这些工具，投资者能够清晰地了解项目在不同投资周期内的收益情况，并据此做出合理的投资决策。而国民经济评价则需要借助更加复杂的经济分析工具和模型，往往涉及到多维度的系统分析和综合评估。国民经济评价的重点在于评估项目对宏观经济体系的长期影响，涉及到社会经济、生态环境、公共资源分配等多个领域，在技术手段的应用上，国民经济评价通常需要结合计量经济学、系统动力学、社会成本收益分析等复杂的技术工具，进行广泛的数据收集和综合分析，这种复杂的技术手段能够帮助决策者从宏观层面判断项目的整体效益，并为政府制定政策提供依据。

国民经济评价在方法论上更加注重定性与定量结合，通过对社会效益、环境效益等难以量化的指标进行评估，确保项目的综合性评价结果更加全面，而财务评价则更侧重于定量分析，关注具体的财务数据和指标，这使得财务评价的结果较为直接和具体，但同时也意味着其无法充分反映项目对外部社会经济环境的影响，在方法与技术手段的应用上，财务评价侧重简单实用的分析工具，国民经济评价则强调全面复杂的系统分析，两者各具特点。

三、效益成本法的应用

效益成本法作为一种有效的经济分析工具，广泛应用于建筑工程项目的经济评价中，旨在通过比较项目的总效益与总成本，衡量其经济可行性与投资回报潜力，该方法不仅注重直接经济收益，还涉及社会、环境等多重效益因素的分析与考量，是建筑工程项目经济分析的关键手段之一。

（一）效益成本法的基本原理与应用基础

效益成本法的核心思想在于，通过计算项目的所有直接与间接收益，并将其与项目的全部成本进行对比，评估项目的经济合理性与可行性，效益与成本的比值越高，表明项目在经济上越具有吸引力①。该方法适用于需要长期投入并产生持续效益的大型建筑项目。效益成本法不仅考虑了项目的短期效益，更关注其全生命周期内的经济表现，这使其在公共基础设施建设项目中具有广泛的应用基础。

在应用效益成本法时，首先需要明确项目的总效益与总成本，项目效益不仅包括直接的经济收益，如销售收入、租金收入等，还涵盖了非经济性效益，如社会福利的提升、交通便利性改善、环境保护等，这些非经济性效益尽管无法直接转化为项目的财务回报，但在评估项目的整体社会价值时不可或缺。项目的成本则不仅限于初期建设成本，还应包括运营成本、维护费用、折旧成本以及未来发生的隐性支出，在建筑项目中长期维护和运营的成本往往对项目的总体经济性有重要影响，因此在效益成本法的应用中，必须将所有产生的支出纳入分析范围。

---

① 麦景成. 建筑工程项目全过程造价控制与管理探索 [J]. 中文科技期刊数据库（全文版）工程技术，2021（1）：207－207.

项目的效益和成本并不是静态不变的，外部环境、市场需求、政策变化等都影响项目的经济表现，效益成本法不仅要求对现有的成本和收益进行全面评估，还需要结合市场动态对项目的未来效益做出合理预期。合理的收益预期有助于决策者准确判断项目的长期经济效益，并为投资决策提供可靠的依据，通过系统性分析，效益成本法能够为建筑工程项目提供全面的经济评估框架。

（二）效益与成本的具体构成及其衡量标准

效益成本法的应用离不开对效益和成本的详细划分与衡量，项目的效益可以分为直接效益与间接效益两类。直接效益是指项目在运营过程中产生的经济收入，通常以货币形式体现，如房地产项目的租金收入、销售收益，或基础设施项目的通行费收入等。间接效益则是项目为社会、经济、环境等带来的外部收益，建筑工程项目提升了区域交通的通达性、促进了区域经济发展、改善了居民生活质量等，这些间接效益尽管难以量化，但在建筑项目的整体评估中同样具有重要意义。

相对效益而言，项目的成本更为复杂，建筑工程项目的成本通常包括建设成本、运营成本、维护成本和折旧成本。建设成本涵盖了项目的前期投资，如土地购置费、设计费用、施工费用等，是项目启动的必要投入。运营成本则是项目在运行过程中所需的日常支出，诸如能源消耗、人工成本、设备维护等。维护成本指的是项目在使用寿命内的定期维修与升级费用，这些支出往往在初期不被重视，但对项目的长期经济性影响深远，折旧成本反映了项目资产随着时间推移而逐渐失去价值的过程，在长期项目的经济评估中，这一成本是不可忽视的。在衡量项目效益与成本时，通常需要引入一套科学合理的指标体系，最常用的指标之一是效益成本比率，即将项目的效益总和除以其成本总和，若比率大于1，表明项目的经济效益超过成本，具有投资价值。效益成本比率不仅能够直观反映项目的盈利能力，还能够帮助决策者判断项目是否值得进一步投入，净现值和内部收益率等财务指标也可以用来辅助评估项目的经济性，这些指标的合理应用，能够有效提升效益成本法的分析精度，为建筑项目的决策提供有力支持。

表 3－1　　效益与成本的具体构成及衡量标准

类别	具体构成	衡量标准/示例
效益		
直接效益	经济收入，如租金收入、销售收益、通行费收入等。	以货币单位计算的直接收益，如每年房地产租金收入、销售项目所得等。
间接效益	社会、经济、环境效益，如交通改善、经济发展、生活质量提升等。	虽然难以量化，但可以通过社会效益评估工具或模型进行估算，如区域 GDP 增长率、居民满意度调查等。
成本		
建设成本	项目启动投资，包括土地购置费、设计费、施工费用等。	各项建设费用合计，依据工程预算、采购合同、施工合同等文件计算。
运营成本	项目日常运行支出，包括能源消耗、人工成本、设备维护等。	每年运营费用的累计，包括电力、水、燃气费用和人工成本等，通过年度预算报告或运营数据进行计算。
维护成本	项目在生命周期内的维修与升级费用，如设备更换、设施保养等。	维护计划中的预计费用或实际支出，依据历史维护记录和未来维护规划。
折旧成本	资产随时间推移的价值损耗。	依据折旧年限和折旧方法（直线法、加速折旧法等）计算每年的折旧费用，常用公式为：资产原值÷使用年限。
经济性指标		
效益成本比率	项目效益总和除以成本总和。	效益成本比率＝总效益/总成本，若比率＞1，表明效益超过成本，项目具备投资价值。
净现值	所有未来现金流的现值之和减去初始投资成本。	计算净现值时，需考虑项目的折现率，通过公式：NPV＝Σ（未来现金流/（1＋折现率）^n）－初始投资。
内部收益率	项目产生的内部回报率，使得净现值为零的折现率。	通过计算，使净现值等于零时的折现率，即内部收益率 IRR，通常用于评估项目的回报潜力。

（三）效益成本法在长期项目中的应用优势

效益成本法在建筑工程中的广泛应用，得益于其能够有效评估长期项目的经济性和可行性，对于那些涉及较长建设周期和运营周期的项目，效益成本法可以通过对项目全生命周期内的效益与成本进行系统分析，帮助决策者掌握项目的长期回报情况。尤其是在大型基础设施建设和公共工程项目中，效益成本法能够全面考虑项目对社会和经济的长期影响，确保投资决策的科学性与合理性。长期项目的特点在于其建设周期较长、资金投入较大，并且在运营过程中往往需要持续的维护与管理，效益成本法的应用优势在于它能够结合项目的全生命周期进行全面评估，从建设初期的投资，到运营期的收益，再到后期的维护与折旧成本，效益成本法能够为决策者提供全面的经济分析视角，这种分析方法不仅能帮助决策者判断项目的经济效益，还能为项目的资源配置、投资策略制定提供重要的参考依据。

效益成本法的另一个重要优势在于其能够帮助识别项目的潜在风险，在长期项目中，市场需求、政策环境、技术变革等外部因素的变化都会对项目的经济性产生重大影响。效益成本法通过对项目成本结构的细致分析，能够识别出项目在不同市场条件下的盈亏平衡点，帮助决策者提前做出应对措施，从而有效降低项目的运营风险，这种基于全生命周期的风险分析，对于那些投资规模较大、回报周期较长的建筑项目尤为重要。效益成本法还能够为项目的后续改进与优化提供数据支持，在长期项目的运营过程中，随着市场环境的变化和技术的不断进步，项目的经济效益会发生变化，通过定期使用效益成本法进行经济评估，决策者可以根据最新的数据调整项目的运营策略，确保项目始终能够保持良好的经济效益，效益成本法不仅是项目启动阶段的重要分析工具，也是项目运营与管理中的持续支持工具。

四、内部收益率法在经济效果中的应用

内部收益率法是一种在建筑工程项目经济评价中广泛应用的投资分析工具，通过计算项目在不考虑外部融资成本的情况下的实际回报率，帮助决策者评估项目的财务可行性与投资回报能力，这一方法能够明确项目的盈利潜力，

在资本投入较大且回报周期较长的建筑工程项目中具有重要的应用价值。

（一）内部收益率法的基本原理与计算方法

内部收益率法的基本原理是通过确定项目的内部收益率（Internal Rate of Return，IRR），计算项目在不依赖外部市场融资条件下的内部回报率，该方法通过将项目在整个生命周期内的预期现金流进行折现，并找到使项目净现值为零的折现率，进而判断项目的实际收益率是否能够达到投资者的期望回报，由于内部收益率法的计算结果能够直接反映项目的内部回报水平，投资者可以根据该回报率与市场基准利率的对比，判断项目是否值得投资或是否具有长期的经济效益①。内部收益率的计算涉及到将项目的全部预期现金流进行折现，并通过迭代法或计算工具求得项目的内部收益率，这一过程中需要详细考虑项目的初始投资额、运营期间的现金流入以及项目结束时的残值等因素。内部收益率的计算结果不仅可以帮助投资者衡量项目的经济可行性，还能够为企业的资金配置提供科学依据，确保在不同的投资选项中做出最优决策。内部收益率越高，表明项目的经济回报越具有吸引力，投资风险相对较低；相反若内部收益率低于预期水平，则表明项目面临较大的财务风险，甚至无法带来足够的经济回报。由于内部收益率法是基于项目实际产生的现金流进行计算，因此其对资金的时间价值敏感度较高。与静态分析法不同，内部收益率法能够动态反映项目在不同时间段的资金流动情况，帮助决策者更好地理解项目的长期经济效益，内部收益率法不仅适用于项目初期的投资决策，还能够为项目的长期资金管理与运营策略提供有力支持。

（二）内部收益率法在投资决策中的应用价值

内部收益率法在投资决策中的应用价值，体现在其能够为建筑项目的可行性评估和资金管理提供科学依据。对于那些涉及大规模资本投入的长期项目，投资者通常需要对项目的回报潜力进行详细评估，以确保资金能够得到充分利用，并在合理的时间内实现回报，内部收益率法作为一种有效的财务分析工具，能够通过计算项目的内部回报率，帮助投资者判断项目是否能够

① 张欣．建筑工程项目安全管理现状与对策［J］．决策探索（中），2019，No．630（10）：41－41．

满足其期望的投资收益目标。在项目投资决策中，内部收益率法的一个显著优势是能够提供一个相对独立于外部融资成本的收益参考值，这意味着投资者在使用内部收益率法进行评估时，不必过度依赖市场基准利率或融资成本，而是能够通过项目自身的内部收益情况来判断其经济性，这一特点使得内部收益率法在不确定的市场环境中尤为重要，特别是在市场利率波动较大的情况下，投资者可以通过内部收益率法获得一个更加稳定的收益判断依据。

内部收益率法还能够为项目的多方案比较提供有效支持。在建筑工程项目的规划与设计阶段，决策者往往需要面对多个投资选项，并在不同的设计方案或施工方案之间进行选择，通过内部收益率法，决策者可以对每个选项的经济回报进行量化评估，比较不同选项的内部收益率，进而选择出最优的投资方案，这不仅能够提高投资决策的科学性，还能最大程度地优化资源配置，确保项目的整体效益达到最优水平。内部收益率法在资本预算管理中也具有重要应用，建筑项目的资金投入往往分为多个阶段，投资者需要在项目的不同阶段对资金的使用效率进行评估，以确保每一阶段的资金能够得到充分利用。内部收益率法能够帮助决策者评估项目在不同阶段的资金回报情况，确保项目的资金使用效率最大化，并为后续的资金调配提供科学指导。

（三）内部收益率法与其他评价方法的对比与结合

内部收益率法与其他评价方法在经济效果分析中各有侧重，但在实际应用中，往往需要将多种方法结合使用，以提高项目经济评价的全面性和准确性。与净现值法相比，内部收益率法能够提供更加直观的回报率指标，适用于那些需要评估项目长期回报能力的投资决策。而净现值法则通过将项目的未来现金流进行折现，直接反映项目在当前时点上的经济效益，因此在短期投资项目中具有更强的适用性。

在实际操作中内部收益率法与净现值法的结合使用能够有效补充各自的不足，净现值法的一个局限性在于其对折现率的选择较为敏感，折现率的变化会显著影响净现值的计算结果，而内部收益率法则能够提供一个独立于折现率之外的回报率指标，帮助决策者在不确定的市场环境中做出更加稳健的判断，在长期投资项目中，内部收益率法与净现值法的结合使用能够为项目的经济评价提供更加全面的支持。内部收益率法还可以与回收期法结合使用，进一步增强项目经济效果评价的精度，回收期法的核心在于计算项目收回全部投资所需的时间，适用于那些对资金回收速度要求较高的项目。而内部收益率法则能够评估项目在整个生命周期内的回报率，为投资者提供长期回报的评估依据。两者结合使用，能够帮助决策者全面衡量项目的短期与长期效益，确保项目不仅能够在短期内实现资金回收，还能够在长期内保持较高的投资回报水平。

内部收益率法在风险管理中的应用也非常广泛，建筑项目通常涉及较高的资金投入和较长的建设周期，因此项目的经济效益往往受到多种不确定因素的影响。内部收益率法能够通过计算项目的长期回报率，帮助决策者识别项目面临的资金风险，并制定相应的风险管理措施，通过内部收益率的变化分析，可以评估市场需求、政策变化、施工进度等因素对项目回报的影响，进而为项目的风险管理提供科学依据。

（四）内部收益率法的局限性与改进路径

尽管内部收益率法在建筑工程项目的经济效果分析中具有广泛的应用，但其在实际操作中仍存在一些局限性，特别是在面对复杂项目的多重现金流或多阶段投资时，内部收益率法无法准确反映项目的真实经济效益。一个常见的局限性是，内部收益率法在处理多重现金流时，会出现多个内部收益率解，从而导致项目经济性判断的混乱，对于那些资金流动复杂、资金来源多样化的项目，单一的内部收益率结果无法为决策者提供足够的判断依据。

内部收益率法对现金流的平稳性要求较高，假设项目在整个生命周期内的现金流是相对稳定且可预测的，建筑项目往往面临市场需求波动、材料价格上涨、施工进度延误等多种不确定因素，这些因素导致项目的现金流出现剧烈波动，从而影响内部收益率的准确性，在实际应用中，决策者需要结合项目的实际情况，对现金流的变动情况进行充分的分析与预测，确保内部收益率计算结果的合理性与可靠性[①]。为了改进内部收益率法的应用效果，可以引入更加复杂的经济模型与分析工具，敏感性分析和情景分析可以帮助评估项目在不同市场条件下的回报率变化情况，通过对内部收益率的变化范围进行模拟，决策者能够更加清晰地了解项目的潜在风险与回报，优化内部收益率法的另一个途径在于将其与其他经济分析工具相结合，形成更加全面的项目评价体系，通过结合净现值法、回收期法等多种方法，能够有效补充内部收益率法的局限性，为项目的投资决策提供更加全面的支持。内部收益率法的局限性还体现在其对外部因素的忽视上，建筑项目的经济效益不仅取决于项目自身的运营状况，还受到政策环境、市场竞争、技术进步等外部因素的影响。为了弥补这一局限性，决策者可以结合外部经济环境的分析结果，对项目的内部收益率进行动态调整，确保项目在不同市场环境下依然具有较高的投资回报率，这种动态调整不仅能够提高内部收益率法的适用性，还能够为项目的长期发展提供更加科学的经济支持。

第二节　建筑工程项目可行性研究

一、可行性研究的基本概念

可行性研究是建筑工程项目策划阶段的重要工作，旨在通过系统分析项目的技术、经济、法律、环境等多方面条件，评估项目的可行性及投资价值，其核心目标是为决策者提供科学、合理的依据，确保项目具备经济效益、技术可行性及社会可接受性，进而指导项目的顺利实施。

（一）可行性研究的技术可行性分析

在建筑工程项目可行性研究中，技术可行性分析是整个研究过程的基础内容之一，其目的是评估项目在技术层面上是否具有可实施性，特别是涉及到项目设计方案、施工技术以及相关设备的选择等技术环节。技术可行性分

① 邹战军. 关于加强房屋建筑工程项目管理的问题及措施探讨 [J]. 商品与质量·建筑与发展，2020 (7)：127－128.

析主要关注项目的技术复杂度、施工条件以及项目面临的技术难点等方面，确保项目设计能够在现有技术条件下得以实现，并且施工过程中的技术问题能够通过合理的规划和调配加以解决。技术可行性分析不仅仅局限于施工方案的选择，还需要对项目所需的各种设备、材料以及技术规范进行详细的论证，建筑项目中所涉及的工程材料是否符合国家标准、项目施工是否需要引入特殊技术手段、项目的各项技术指标是否能够满足设计要求等，都是技术可行性分析需要重点关注的内容，项目的技术可行性还需要结合项目的外部环境进行综合评估，施工场地的地质条件、气候因素、自然灾害风险等，都对项目的技术可行性产生重大影响。

为了确保项目的技术方案在实际操作中具有可行性，决策者必须全面分析现有的技术水平和资源条件，评估是否具备实施项目所需的技术能力，在一些复杂的建筑工程项目中，往往需要借助先进的技术设备和管理工具，因此在技术可行性分析中，还需要结合新技术的引入对项目的影响进行论证，以确保项目在技术层面的实施风险降到最低，通过对技术方案的全面分析与评估，技术可行性分析能够为建筑工程项目的后续实施提供坚实的技术支持。

（二）经济可行性分析的关键要素

经济可行性分析是可行性研究中的核心内容，其目标是对项目的经济效益进行系统评估，判断项目是否具备足够的投资价值，建筑工程项目通常涉及大量的资金投入和长期的回报周期，经济可行性分析的重点在于评估项目的投资回报率、资金成本以及未来的市场收益等经济因素。决策者通过经济可行性分析，可以掌握项目在经济效益方面的表现，从而判断项目的投资是否值得，并且是否能够在合理的时间内实现预期的回报。

经济可行性分析的核心是对项目的投资回报进行量化评估，分析项目的现金流状况、资金来源与使用、成本结构等具体经济指标，项目的建设成本包括土地购置费、设计费用、施工费用以及设备费用等，这些直接成本构成了项目的主要资金投入①。项目在运营过程中的维护费用、管理费用以及其他隐性成本也需要在经济可行性分析中得到充分考虑。在对项目成本进行全面分析的基础上，经济可行性分析还需要对项目的预期收益进行合理的估算，评估项目在未来市场中的收入前景，确保项目的收益能够覆盖成本并带来足够的利润。除了对投资回报的分析，经济可行性分析还需要关注市场环境和宏观经济条件的变化，建筑工程项目的经济效益不仅取决于项目本身的运营能力，还受到市场需求、行业竞争、政策变化等外部因素的影响，经济可行性分析需要对项目所处的市场环境进行详细的调研与预测，结合行业发展趋势、市场需求波动以及政策导向等因素，判断项目是否具备长期的经济可行性，经济可行性分析还应对项目的风险进行评估，包括资金风险、市场风险、政策风险等，以确保决策者能够在合理的范围内掌握项目的经济风险，并采取相应的应对措施。

（三）法律可行性分析的必要性与内容

建筑工程项目的实施需要严格遵守相关的法律法规，因此在可行性研究中，法律可行性分析是不可或缺的一部分。其主要目的是评估项目在法律层面是否具备可操作性，确保项目的设计、施工、运营等环节符合国家和地方的法律法规要求，避免项目在实施过程中出现法律纠纷或违法行为。法律可行性分析涵盖了土地使用、环境保护、劳动用工、税收政策、合同管理等多个方面，是项目顺利实施的重要法律保障。法律可行性分析需要对项目的土地使用情况进行合法性审核，确保项目的建设用地符合国家的土地管理政策，并且已经取得了合法的土地使用权证书，土地问题是建筑项目中常见的法律风险之一，如果项目用地不符合国家政策或存在产权纠纷，导致项目在实施过程中被迫停工甚至取消，决策者在进行可行性研究时，必须对项目的土地问题进行详细的法律审查，确保项目用地的合法性与合规性。

环境保护法规的遵守也是法律可行性分析中的重点内容之一，建筑项目的施工和运营会对周边环境产生一定的影响，空气污染、水资源消耗、噪音

① 吕鹏．全过程工程造价在建筑经济管理中的重要性探索［J］．信息周刊，2019，000(006)：1－2．

污染等，这些问题都需要严格按照国家和地方的环境保护政策进行管理。在法律可行性分析中，决策者需要评估项目的环境影响报告，确保项目在环境保护方面符合相关法律要求，避免在施工和运营过程中出现环境污染或资源浪费问题，建筑项目还涉及到一系列的劳动用工和税收政策，决策者需要对项目的人力资源管理和税收合规性进行审核，确保项目的用工合法，避免因违反劳动法或税法而引发法律纠纷。法律可行性分析的最终目标是确保项目在实施过程中不会因为违反法律法规而中断或受到处罚，帮助决策者规避的法律风险，通过详细的法律审查与评估，项目的法律可行性分析能够为项目的顺利实施提供法律保障，是建筑工程项目可行性研究中的重要环节①。

（四）社会可行性分析与环境因素的影响

社会可行性分析在建筑工程项目可行性研究中占据重要位置，其目的是评估项目对当地社会的影响，确保项目在实施过程中能够获得广泛的社会支持，建筑工程项目往往对周边社区和居民的生活产生深远影响，社会可行性分析需要从社会利益、公共福利、社区关系等多个角度出发，全面评估项目的社会效益与潜在的社会问题，确保项目能够在社会层面获得认可与接受。社会可行性分析的一个重要内容是评估项目对当地就业和经济发展的推动作用，建筑项目通常能够为当地社区带来大量的就业机会，尤其是在项目施工期间，需要大量的劳动力参与到项目中，社会可行性分析需要明确项目对当地就业市场的拉动作用，并结合当地的就业状况，评估项目是否能够为当地居民提供足够的工作岗位，项目的实施往往能够促进区域经济的发展，提升区域的基础设施水平，社会可行性分析需要对项目在区域经济中的作用进行详细评估，确保项目能够为当地经济增长带来积极影响。

除了对就业和经济发展的分析，社会可行性分析还需要关注项目带来的社会问题和公共福利影响，建筑项目的施工会对周边居民的生活环境产生影响，噪音污染、交通堵塞、施工安全等问题都引发社会矛盾，社会可行性分析需要对这些潜在的社会问题进行评估，并制定相应的解决措施，确保项目

---

① 张宁．建筑工程施工中进度管理的意义与有效措施［J］．决策探索，2018（3Z）：2.

在施工过程中不会对当地社区的公共福利产生负面影响，通过合理的社会管理与协调，建筑项目能够有效化解的社会矛盾，确保项目顺利推进。社会可行性分析的另一个重要方面是项目的公共关系管理，建筑工程项目的实施往往涉及多个利益相关方的参与，包括政府部门、社区组织、企业以及当地居民等，如何协调这些利益相关方之间的关系，确保项目能够在多方支持下顺利实施，是社会可行性分析需要重点解决的问题，通过制定合理的利益分配机制和公共关系管理策略，社会可行性分析能够为建筑项目的长期发展提供有力支持，确保项目在社会层面获得广泛的认可与接受。

二、市场分析与需求预测

市场分析与需求预测是建筑工程项目可行性研究中的关键环节，旨在通过对市场环境、供需状况以及竞争态势的分析，准确判断项目的市场前景与发展潜力，这一过程不仅为项目的市场定位和规模确定提供依据，还为项目的投资决策和资源配置提供了科学的支持，是项目顺利实施的前提。

（一）宏观经济环境对市场分析的影响

宏观经济环境的变化直接影响建筑工程项目的市场需求和发展潜力，因此在进行市场分析时，必须首先关注宏观经济环境的状况，包括经济增长率、通货膨胀率、利率水平、失业率等经济指标的变化趋势，这些宏观经济指标不仅影响消费者的购买能力和消费意愿，还影响建筑企业的资金成本和融资渠道，当经济增长放缓、利率上升时，投资者的风险承受能力下降，项目的融资成本增加，市场需求出现萎缩，项目的经济效益将受到严重影响，在进行市场分析时，必须综合考虑宏观经济环境的变化，以便为项目的可行性研究提供准确的经济背景分析。

宏观经济环境中的政策因素同样对市场分析具有重要意义，政府的财政政策、货币政策、产业政策等都会对建筑市场的供需状况产生直接影响。建筑工程项目往往受到国家产业政策和地方政府发展规划的支持或制约，因此在进行市场分析时，必须对国家和地方的政策导向进行详细的研究，判断项目是否符合当前政策要求，是否能够享受政策优惠或规避政策风险，在绿色建筑、可持续发展等国家政策的引导下，建筑市场中的环保项目会获得更多的市场需求和政策支持，政策环境的变化是市场分析中不可忽视的重要因素。除了宏观经济指标和政策因素，国际经济环境的变化同样对建筑市场具有潜在影响，特别是在全球经济一体化的背景下，国际市场的需求变化、原材料价格波动以及国际贸易形势的变化，都对建筑市场产生间接影响，在进行市场分析时，必须充分考虑国际经济形势的变化，尤其是建筑行业的进出口形势，以及与国际经济相关的风险和机遇。

（二）行业趋势与市场结构的分析

行业趋势与市场结构的变化是建筑工程项目市场分析中的核心内容，行业的兴衰与市场竞争的激烈程度直接决定了项目的市场前景，建筑行业的市场趋势分析需要从多个角度入手，首先应分析行业的整体发展状况，包括行业的增长速度、市场容量、竞争格局等。在行业分析中建筑行业的周期性特征尤为重要，建筑行业往往受到经济周期的影响而呈现出周期性的波动，项目在不同的经济周期中面临的市场环境差异较大，因此必须准确把握行业的发展阶段，合理评估项目的市场风险①。在分析行业趋势时还应关注建筑行业的技术进步与创新，建筑行业的技术变革速度较快，新技术的应用能够显著提升项目的竞争力，降低施工成本，提升工程质量，市场分析必须密切跟踪行业中的技术发展趋势，评估新技术的应用对项目市场需求和竞争优势的影响，绿色建筑、智能建筑、装配式建筑等新型建筑技术的发展，正在改变传统建筑市场的供需结构，项目的市场定位必须紧跟行业技术发展的趋势，以确保在市场竞争中占据优势地位。市场结构的分析重点在于供需关系与市场竞争态势的评估，建筑市场的供给方主要包括建筑企业、材料供应商、技术服务商等，市场的竞争程度决定了项目在市场中的定价能力与市场份额。市场结构的分析需要对市场的供需平衡情况进行评估，判断市场中是否存在供过于求或供不应求的现象，建筑市场中供过于求的状况导致价格下跌、竞争加剧，项目的盈利空间受到压缩；而供不应求则为项目带来更大的市场机

① 胡月，裴旭．建筑工程管理与项目成本管理的对策分析［J］．缔客世界，2021（4）：115－115.

会，提升项目的盈利能力，市场结构的分析是项目市场定位与策略制定的重要依据。

（三）需求预测的模型与方法

需求预测是市场分析的关键环节之一，准确的需求预测能够为项目的规模确定、资金筹划与运营策略提供科学依据，在建筑工程项目中，需求预测的难度较大，市场需求往往受到多种不确定因素的影响，因此必须采用多种预测模型与方法进行系统分析，确保预测结果的科学性与可靠性，常用的需求预测方法包括定性预测与定量预测两类，每种方法在不同的市场环境下具有不同的适用性。定性预测方法主要依赖于专家判断与市场调研，通过对行业专家、市场参与者的访谈与问卷调查，获取对市场需求的主观预测信息，定性预测方法适用于数据较为匮乏、市场环境变化较大的情况下，能够为项目提供宏观的市场需求趋势判断，常见的定性预测方法包括德尔菲法、专家评估法等，通过多轮专家意见的汇总与分析，得出对市场需求的综合判断。

定量预测方法则依赖于历史数据与统计模型，通过对市场的历史销售数据、经济指标、行业发展数据等进行统计分析，建立数学模型对未来需求进行预测。常见的定量预测方法包括时间序列分析、回归分析、经济计量模型等，这些方法能够通过历史数据的规律性分析，得出对未来市场需求的定量预测结果，时间序列分析能够通过对过去市场销售数据的趋势性分析，预测未来市场需求的变化趋势，而回归分析则能够根据影响市场需求的多个变量，建立需求预测的回归模型，得出对市场需求的定量预测。在实际应用中，定性与定量预测方法往往结合使用，以提高需求预测的准确性与科学性，定性预测能够提供对市场需求的宏观判断，而定量预测则能够为项目的具体市场需求规模提供数据支持，通过多种预测模型的结合，需求预测能够为项目的市场决策提供全面的支持，确保项目能够根据准确的市场需求预判制定合理的运营策略与市场计划。

三、项目的技术可行性分析

技术可行性分析是建筑工程项目可行性研究中的关键环节，旨在通过对技术方案的评估，判断项目在现有的技术条件下是否具有可操作性，确保项目的实施能够符合技术规范、满足项目需求，并能够在既定条件下顺利完成，从而为项目的最终成效提供技术保障。

（一）项目设计与施工方案的评估

在技术可行性分析中，项目设计与施工方案的评估是首要任务，直接关系到项目能否顺利实施以及施工过程中的技术可行性，项目设计应确保其符合技术规范和标准，设计方案需要兼顾经济性与可操作性，特别是在建筑项目中，不同的设计方案会对后续施工过程产生不同的技术要求，施工方案的评估涉及施工工艺的合理性、技术装备的可行性以及施工组织的有效性等多个方面，这些都需要在技术可行性分析中进行详细的论证和验证。

评估过程中需要首先考虑项目设计中的技术要求，分析项目设计是否符合现有的技术标准与规范，设计中涉及的技术参数是否合理，是否能够在施工过程中顺利实施。建筑工程项目的设计方案往往涉及大量的结构设计、材料选择、功能布局等内容，评估者必须在设计阶段对这些因素进行充分的技术论证，确保设计方案具备可行性，并且能够为项目的后续实施提供可靠的技术支持，施工方案的技术可行性评估还需要对施工工艺进行详细分析，判断现有的技术装备、施工工艺是否能够满足项目的技术需求，确保项目能够在技术条件允许的情况下按期完成。施工组织的合理性与施工流程的优化同样是技术可行性分析中的重要环节，建筑工程项目通常规模较大、周期较长，施工过程中涉及的工序复杂、资源调度频繁，因此施工组织方案的合理性直接影响着项目的进展与效率。技术可行性分析不仅要评估现有的施工组织模式是否能够满足项目的技术要求，还要结合项目的实际情况，优化施工流程，确保施工过程中各项技术环节无缝衔接，避免因技术问题导致项目延误或成本增加。

（二）技术装备与材料选择的可行性

建筑工程项目的技术可行性分析中，技术装备与材料选择的评估至关重要，这一环节直接影响到项目的施工质量与技术实现的可行性，技术装备的可行性主要包括对施工机械、设备及工具的评估，确保这些技术装备能够满足项目的施工需求，并且在项目实施过程中具备足够的技术可靠性和操作简便性。材料选择的可行性则涉及到项目中所需使用的各类建筑材料，必须评估这些材料是否符合项目的技术要求以及相关的国家标准。在技术装备的评估中，首先需要考虑项目的施工环境与施工要求，判断现有技术装备是否能够在既定环境下顺利运作，对于涉及高层建筑或地下工程的项目，施工机械的使用必须能够适应复杂的地质条件和特殊的施工环境，设备的性能、安全性及操作的便捷性都是评估的重点①。评估者还需要考虑设备的维护和维修情况，确保设备在施工过程中能够正常运作，避免因设备故障影响施工进度。若项目需要引入先进的技术装备或特殊的施工工具，则技术可行性分析必须对这些设备的技术性能、采购成本、操作要求等进行详细论证，确保技术装备的引入不会对项目产生负面影响。

材料的选择对项目的质量与技术实现具有直接影响，因此材料可行性分析是不可或缺的一部分，建筑材料的选择应符合项目的技术标准和设计要求，尤其是对于一些高强度、高耐久性的材料，必须确保其性能指标满足项目的技术要求，并且具备良好的市场供应条件，还需要对材料的经济性与可持续性进行评估，确保材料的选择在技术可行的前提下，能够实现经济效益最大化。材料的选择不仅仅是考虑其物理性能，还应考虑其与环境的适应性，尤其是涉及特殊气候或环境的建筑项目，必须对材料的环境适应性进行充分的技术论证。

表 3－2　　技术装备与材料选择的可行性分析表

类别	具体构成	衡量标准/评估要点
技术装备可行性		
施工机械评估	评估项目所需的施工机械，如塔吊、挖掘机、混凝土泵等。	设备性能、操作简便性、安全性、适应施工环境（如地质条件、气候等）以及施工机械的可靠性、维护性。

① 方丽琴. 项目管理在土木工程建筑施工中的应用分析［J］. 经济与社会发展研究，2018（10）：1.

续表

类别	具体构成	衡量标准/评估要点
设备技术性能	评估设备的技术参数是否符合项目的需求。	考虑设备的功率、容量、精度等是否能够满足项目的施工要求，设备性能需适应高层建筑或地下工程等特殊环境。
设备操作简便性	评估设备的操作复杂度及所需操作人员的技能水平。	简便的操作有助于提高施工效率，并减少人为失误，降低培训和操作成本。
设备维护与维修	设备在使用过程中是否易于维护，且维修成本低廉。	确保施工过程中设备故障率低，且设备的维护方便快捷，减少因设备故障导致的停工时间。
特殊设备评估	对新引入或特殊设备的可行性分析。	对先进技术装备或特殊工具进行详细的技术性能分析，评估其采购成本、操作要求和施工适应性，确保引入不会对项目产生负面影响。
材料可行性		
材料的技术标准	材料性能是否符合国家和行业技术标准。	必须确保所选建筑材料符合相关国家标准和技术规范，特别是高强度、高耐久性的材料需满足项目的设计要求。
材料的经济性	材料成本是否符合项目的经济效益要求。	在保证技术可行的前提下，选择价格合理、供应稳定的材料，综合评估其对项目成本的影响。
材料的环境适应性	材料是否适应项目的特殊环境条件，如极端气候、地下环境等。	对于位于特殊环境的项目，建筑材料的适应性至关重要，应对气候变化、腐蚀条件等因素进行充分的技术论证。
材料的可持续性	材料是否具有可持续性，是否符合绿色建筑要求。	确保所用材料符合可持续发展的要求，优先选择环保材料，并评估其在使用周期结束后的可回收性或再利用潜力。

（三）项目技术创新与可持续性发展

技术创新与可持续性发展是建筑工程项目技术可行性分析中的重要考量因素，随着建筑行业技术的不断进步，技术创新已成为提升项目竞争力与实施效率的重要手段。在技术可行性分析中，必须评估项目是否具备技术创新的潜力，并分析技术创新对项目实施的影响，随着全球对可持续发展的日益重视，建筑工程项目的技术可行性分析还应关注项目在技术层面是否符合可持续发展要求，确保项目的技术方案能够实现资源节约、环境友好与长久发展。技术创新主要体现在建筑项目的设计、施工工艺以及材料使用等多个方面，智能建筑技术的引入、新型施工技术的应用、绿色建材的推广等，这些创新技术的应用不仅能够提升项目的技术含量，还能够有效降低施工成本与运营成本。在技术可行性分析中，必须结合项目的特点与技术需求，评估技术创新的可行性与经济效益，并分析新技术的引入是否会对项目的实施造成风险。技术创新的引入应以确保项目顺利实施为前提，若技术创新存在较大不确定性，则需要对技术的成熟度进行详细分析，确保技术创新能够在项目中发挥积极作用。

可持续性发展要求项目在技术实施过程中兼顾环境保护与资源节约，因此技术可行性分析还应评估项目的技术方案是否符合可持续发展原则，建筑工程项目在施工与运营过程中产生大量的资源消耗与环境污染，技术可行性分析必须对这些问题进行充分论证，确保项目能够通过技术手段降低资源消耗与环境污染，节能技术、绿色建材、环保施工技术等可持续性技术的应用，不仅能够降低项目对自然资源的依赖，还能够提升项目的长期经济效益。技术可行性分析通过对可持续性技术的评估，确保项目能够在经济效益与环境效益之间找到平衡点，进而实现项目的长期可持续发展。

四、项目可行性研究报告的编制要点

项目可行性研究报告是项目决策的重要依据，其编制应遵循严谨的逻辑结构和科学的方法论，以确保项目的经济效益、技术可行性、市场需求及社会效益得到全面而详尽的分析，报告应涵盖各个方面的关键信息，为项目的最终决策提供有力支持，并为项目的后续实施奠定基础。

（一）项目背景与目的的详细阐述

项目可行性研究报告的开篇部分应对项目的背景与目的进行详细阐述，确保读者对项目的起源、需求及其在经济社会中的定位有充分的了解，背景部分需要详细描述项目的提出原因，是否因市场需求的提升、国家政策的鼓励或企业发展的战略目标所促成，项目启动的外部环境和内在动机必须得到完整呈现，还应重点阐明项目的建设目标，这些目标不仅包括项目自身的收益预期，还应包括其对社会经济发展的贡献，如是否提升了区域经济活力、是否促进了技术进步、是否有助于提升基础设施的完善度等。项目背景的描述必须做到信息完整、逻辑严密，确保能够向决策者清晰传达项目的必要性与紧迫性，在项目目标的表述中，不仅要关注短期效益，还应强调项目的长期发展潜力，尤其是如何通过项目的持续运营来实现经济效益最大化。报告的这一部分应突出项目的宏观意义与具体的实现路径，确保项目的各项预期能够与区域、行业或国家的发展战略保持一致，从而为后续的可行性分析奠定坚实的基础。在编制该部分内容时，还需注意紧密联系项目所在行业的发展现状与未来趋势，并通过对比类似项目的成功经验或失败教训，确保项目背景和目标的设定符合实际需求和市场规律，避免出现过于理想化或缺乏实际支撑的情况。

（二）市场分析与需求预测的准确评估

在项目可行性研究报告中，市场分析与需求预测是至关重要的组成部分，准确的市场需求预测决定了项目的前景和经济效益。该部分内容应从宏观经济环境、行业发展趋势、目标市场分析及潜在客户群体的需求四个方面展开，系统分析项目的市场前景与竞争优势，确保项目在市场竞争中具备强劲的市场定位。宏观经济环境的分析应结合当前经济周期、政策导向、市场供需关系等因素，确保项目的市场定位与整体经济发展趋势相匹配，特别是对于建筑工程类项目，报告需着重阐述区域经济发展规划、国家或地方政策的支持力度以及潜在的市场增长空间。行业趋势分析应聚焦于项目所在行业的现状与发展前景，评估市场容量、增长率及行业竞争格局，并预测未来几年的市场供需变化，确保项目能够在行业发展中把握机遇，规避风险。

对目标市场的深入分析不仅要包括市场规模、市场需求的量化分析，还应关注市场细分与项目的精准定位，确保项目所针对的市场群体清晰明确。潜在客户群体的需求评估需要通过数据调研和市场预测模型对未来的市场需求进行精确估算，包括市场需求的季节性波动、价格敏感性分析以及需求变化的性因素。项目需求预测的准确性直接关系到项目的规模与投资决策，因此在报告中应对预测结果进行严谨的说明，并明确所使用的数据来源和分析模型的逻辑，报告中该部分应做到对市场前景的预判不仅有科学的数据支撑，还要通过对未来政策、技术和消费趋势的合理预估，确保项目的市场需求预测有足够的可靠性与现实依据。

（三）财务分析与风险评估的深入分析

财务分析与风险评估是项目可行性研究报告中的重要组成部分，其内容决定了项目在经济效益上的可行性以及潜在风险的可控性，财务分析的核心是通过对项目的成本、收益、资金回报率、现金流等财务数据进行详细测算，判断项目的经济价值与投资回报能力。风险评估则侧重于识别项目在市场、技术、资金、政策等多个层面面临的风险，并提出有效的风险管理策略①。在财务分析中项目的投资规模、建设成本、运营成本、资金来源以及预期收益必须得到全面详尽的分析，确保各项财务数据的测算科学合理，特别是对于长期投资项目，报告需对项目的资金回报周期、内部收益率、净现值等指标进行重点测算，并结合市场分析的数据，明确项目的投资回报预期，还应对项目的融资结构进行合理安排，确保资金能够按时到位，并能够根据项目的不同阶段灵活调整资金使用计划，最大限度地提高资金的利用效率。

风险评估的重点在于全面识别项目面临的各类风险，并结合项目特点提出具体的风险应对措施，市场风险主要体现在市场需求的变化、竞争加剧或宏观经济波动，技术风险则来自施工工艺的复杂性、技术设备的局限性等因

---

① 冯改果．市政建筑工程质量及施工技术管理路径探索［J］．中小企业管理与科技，2018（6）：2.

素，资金风险往往与融资成本和资金流动性有关，而政策风险则主要受国家产业政策、地方政府规划以及环保要求的影响，报告中的风险评估部分必须对这些风险进行定性与定量分析，确保项目在各类风险下都具备有效的应对策略与管理方案。该部分的编制要求细致严谨，既要确保财务数据的准确性与逻辑性，又要保证风险管理措施的科学性与可操作性，确保项目在经济与风险控制层面都具备足够的可行性与抗风险能力。

第三节 建筑工程项目财务评价

一、项目财务分析的主要指标

建筑工程项目的财务评价是项目可行性研究中的关键环节，财务分析的主要指标包括净现值、内部收益率、投资回收期以及利润率等，这些指标用于全面衡量项目的经济可行性、资金回报能力及投资风险，通过对这些财务指标的分析，可以为决策者提供科学的投资参考和经济效益预测。

（一）净现值（NPV）的重要性及其计算方法

净现值（Net Present Value，NPV）是建筑工程项目财务分析中最为核心的指标之一，主要用于衡量项目在整个生命周期内的资金回报能力，净现值的计算通过将项目在未来各个时期产生的现金流进行折现处理，计算其在当前时点上的价值，并以此作为判断项目经济效益的重要依据。净现值的数值反映了项目在扣除初始投资后的总经济效益，若净现值为正数，则说明项目在财务上具备可行性，能够带来超出成本的净收益；若净现值为负数，则意味着项目无法实现预期的财务回报，存在亏损风险。净现值的计算方法主要依赖于对项目未来现金流的预测，并使用一个合适的折现率将这些现金流折算为现值，折现率的选择至关重要，通常使用企业的加权平均资本成本或行业平均收益率作为折现率，以确保资金的时间价值得到充分考虑[①]。项目

① 刘铭. 建筑工程管理问题及优化对策探索［J］. 产业与科技论坛，2019（2）：2.

的现金流包括投资期的初始资金支出、运营期的收入及成本以及项目结束时的清算收入，所有这些现金流在时间上的价值需要经过折现处理，计算出当前时点下的净现值。

净现值在财务分析中的应用不仅限于项目的总体评价，还可以用于多个备选方案之间的比较。在面对多个设计方案或投资方向时，净现值的大小能够直观反映不同方案的经济效益，从而帮助决策者选择出最优的投资方案，净现值分析还可以结合敏感性分析、情景分析等方法，进一步提高对项目风险的把握，确保净现值的预测结果在不同条件下具备足够的可靠性与科学性。

（二）内部收益率（IRR）的计算及其应用

内部收益率（Internal Rate of Return，IRR）是另一个用于评估建筑工程项目经济效益的重要财务指标，反映项目在整个生命周期内的内部回报水平。内部收益率的计算结果表示项目在不依赖外部融资的情况下，通过自身的现金流回报，能够达到的最大回报率，内部收益率被广泛用于判断项目是否具有投资价值，尤其是在资金来源较为多样化的建筑工程项目中，内部收益率能够为投资者提供一个明确的收益预期。内部收益率的计算方法与净现值密切相关，其核心是找到一个使项目净现值为零的折现率，这一折现率即为项目的内部收益率，项目的内部收益率若高于市场基准利率或企业的资金成本，说明项目具备较高的投资回报率，能够带来超过资金成本的收益，项目具有良好的财务可行性；反之若内部收益率低于基准利率或资金成本，项目存在较大的投资风险，难以实现预期的回报目标。

内部收益率的应用范围广泛，特别是在建筑工程项目中，内部收益率常常用于多个投资方案之间的对比与选择，当决策者需要在多个具有不同成本和收益结构的方案中进行权衡时，内部收益率能够为每个方案提供一个独立的回报指标，帮助决策者清晰识别不同方案的经济效益，内部收益率分析能够结合其他财务指标共同使用，与净现值的对比分析，确保财务评价的结果更加全面和准确。需要注意的是内部收益率法虽然能够为项目的财务分析提供重要的参考依据，但在面对多重现金流或复杂投资结构的项目时，内部收益率的计算出现多个解或无法收敛的情况，在应用内部收益率时，还需结合其他财务分析工具，以确保项目的财务评价具备足够的可靠性和科学性。

（三）利润率指标及其对项目盈利能力的衡量

利润率是衡量建筑工程项目盈利能力的重要财务指标，通常包括销售利润率、总资产利润率以及净利润率等多个维度，这些利润率指标的核心作用在于，通过对项目运营期间的收入与成本进行对比分析，衡量项目的盈利能力，确保项目在实现成本回收的基础上，能够带来持续的经济收益。销售利润率（Profit Margin on Sales）是利润率指标中最常用的一个，表示项目在运营期间每单位收入所带来的净利润比例，该指标能够直观反映项目的盈利效率，通过销售利润率的计算，决策者可以判断项目在市场中的定价策略是否合理，成本控制是否有效，并结合市场需求预测，确保项目在市场竞争中具备足够的盈利空间，总资产利润率（Return on Assets，ROA）和净资产利润率（Return on Equity，ROE）则侧重于评估项目在资产利用和股东权益回报方面的表现，确保项目在运营过程中能够有效提升资产使用效率，并为股东带来良好的投资回报①。

利润率指标的应用能够为项目的盈利能力提供多维度的衡量标准，但在实际应用中，还需结合项目的行业特点与市场环境进行合理评估，不同类型的建筑工程项目在利润率上的表现差异较大，基础设施建设项目的利润率通常较低，但具备较强的社会效益，而商业地产项目则具备较高的利润率，在使用利润率指标进行财务评价时，还应结合项目的具体情况与市场条件，确保利润率分析结果具备足够的参考价值。利润率指标能够为建筑工程项目的盈利能力提供直观的量化参考，帮助决策者判断项目的财务表现是否符合预期，并为项目的长期运营提供科学的收益预测。

二、资金来源与融资方式分析

资金来源与融资方式是建筑工程项目顺利实施的关键因素，直接关系到

① 吴国峰．谈建筑工程管理与创新［J］．数码－移动生活，2023（8）：460－462．

项目的资金调度、建设进度及财务风险管理，通过科学合理的资金筹措与融资设计，可以有效降低资金链断裂风险，确保项目各阶段的顺利推进，并为项目的长期运营提供强有力的资金保障。

（一）自有资金的使用及其优势分析

自有资金是项目建设过程中最为稳定的资金来源之一，通常由项目发起方或投资方通过自有资本进行投入，自有资金的使用能够为项目提供最初的启动资金，避免过度依赖外部融资带来的利息负担与财务压力，因此在资金来源与融资方式分析中，自有资金的配置与使用方案必须得到充分重视，自有资金的优势在于资金来源明确、使用灵活且无需承担额外的债务成本，这使得项目能够在前期阶段获得较高的资金使用效率。在进行自有资金分析时，首先需要明确项目方的资本结构与资金来源渠道，确保自有资金的比例能够在项目初期阶段为项目的启动与前期建设提供足够的保障。建筑工程项目的自有资金通常来自于企业的盈余资金、股东投资或其他内部融资渠道，这些资金不仅需要确保其充足性，还需具备良好的流动性与使用效率，以应对项目在施工过程中的资金需求波动。

自有资金的使用还能够帮助项目在融资结构中保持一定的自主性与灵活性，由于自有资金无需偿还，项目在使用自有资金时能够避免外部融资带来的利息支付压力，减少财务成本，自有资金的投入能够提升项目的信用等级与融资能力，为后续的外部融资提供有力支持，自有资金在资金来源与融资方式分析中，应当被视为项目资金结构中的重要组成部分，其合理配置直接影响着项目的财务稳健性与资金使用效率。尽管自有资金具有稳定性与灵活性的优势，但在大型建筑项目中，单靠自有资金往往难以满足项目的全部资金需求，在实际操作中，项目方通常需要通过自有资金与外部融资相结合的方式，确保项目能够获得足够的资金支持。在资金来源与融资方式分析中，自有资金的使用必须与项目的整体资本结构相协调，确保在控制财务风险的实现资金的高效配置。

（二）银行贷款的融资方式及其特点

银行贷款是建筑工程项目中最为常见的外部融资方式之一，具有融资规模大、资金到位速度快的特点。银行贷款通常通过抵押或担保的形式发放贷款资金，项目方需要根据项目的资金需求与贷款条件，制定详细的贷款计划，以确保银行贷款能够为项目提供持续的资金支持。银行贷款的优势在于其资金来源稳定、利率相对较低，特别是在大型建筑项目中，银行贷款往往是项目融资的重要组成部分。在资金来源与融资方式分析中，银行贷款的合理利用至关重要，银行贷款的利率和还款期限是影响项目财务成本的关键因素，项目方应根据项目的实际资金需求，选择适合的贷款产品与贷款期限，确保贷款利率处于合理范围内，避免因利率过高而增加项目的财务负担，还应结合项目的资金流动性，合理安排贷款的还款周期，确保项目在不同阶段具备足够的资金用于偿还贷款，避免因资金周转不灵而导致还款压力增大。

银行贷款的融资特点还体现在其资金使用的灵活性上，由于建筑工程项目通常需要较大规模的资金投入，银行贷款能够通过分阶段发放资金的方式，帮助项目方根据不同施工阶段的资金需求灵活调度资金，这样不仅能够提高资金使用效率，还能减少资金闲置造成的浪费，降低财务成本。银行贷款的融资方式也存在一定的局限性，项目方在申请贷款时需提供足够的抵押物或担保，贷款审批流程较为复杂，且一旦项目未能按时还款，将面临较大的违约风险与信用损失。在进行银行贷款的融资方式分析时，项目方需要全面考虑贷款利率、还款期限、贷款额度等因素，确保银行贷款能够为项目的顺利实施提供稳定的资金来源，还应结合项目的实际情况，制定详细的还款计划与资金使用策略，确保项目在各个施工阶段具备足够的资金支持，避免因还款压力或资金短缺影响项目的顺利推进。

（三）债券融资的机制与适用条件

债券融资作为建筑工程项目的重要融资方式之一，通常适用于大型基础设施项目或资金需求量较大的长期投资项目，债券融资的核心机制是项目方通过发行债券向公众或机构投资者募集资金，并在约定期限内偿还本金及利息。与银行贷款相比，债券融资具有融资规模大、融资期限灵活、债务成本相对较低的优势，因此在资金来源与融资方式分析中，债券融资是一个重要的考虑因素。债券融资的适用条件首先体现在项目的规模与融资需求上，建筑工程项目往往需要长期、稳定的资金支持，债券融资的长期性与稳定性能够为项目的资金周转提供有力保障，通过发行长期债券，项目方能够获得相对低廉的长期融资成本，并且债券的利息支付可以根据项目的运营情况进行灵活安排，减少短期内的财务压力，对于那些资金需求较大、回报周期较长的项目，债券融资是一个非常适合的融资方式。

在债券融资的分析中，项目方需要特别关注债券的利率、发行规模以及市场需求等因素。债券利率直接决定了项目的融资成本，通常债券利率会根据市场情况、项目的信用等级以及经济环境等因素进行调整。发行规模则决定了项目能够通过债券融资获得的资金总额，项目方在确定债券发行规模时，应根据项目的实际资金需求以及未来的资金回报情况，合理确定发行额度，避免因发行规模过大而增加不必要的债务负担，市场需求的变化也会影响债券的发行效果，项目方需要结合市场环境的变化，选择合适的时机进行债券发行，确保债券能够顺利募集到资金。尽管债券融资具有较多的优势，但其发行条件相对较为严格，通常需要项目方具备较高的信用等级，并且需要经过严格的审计与监管，在进行债券融资的分析时，项目方应结合自身的信用状况与融资需求，确保债券发行的合理性与可行性。

三、投资回报率与收益测算

投资回报率与收益测算是建筑工程项目财务评价的重要组成部分，直接决定项目的经济效益评估与投资价值判断，通过科学的收益测算，能够为投资者和决策者提供项目的预期回报水平，确保资金的合理配置与投资风险的有效控制，同时为项目的资金流动性和长期发展提供数据支持。

（一）投资回报率的概念与计算方法

投资回报率（Return on Investment，ROI）是衡量建筑工程项目经济效益的关键指标，反映了项目在运营周期内所获得的净收益与初始投资之间的比例关系。投资回报率的计算不仅能够帮助评估项目的盈利能力，还能够为投资者提供一个直观的资金回报预期。投资回报率的计算公式通常为项目的净收益除以初始投资额，所得结果以百分比形式表示。在计算投资回报率时，首先需要对项目的总成本进行详细核算，包括前期的建设成本、后期的运营维护成本以及资金的融资成本等多个方面。净收益的计算则主要基于项目的现金流，包括项目的销售收入、租金收入或其他形式的收入减去相应的运营成本与税费，通过对项目收益与投资成本的精确对比，投资回报率能够直观反映项目在财务层面的盈利能力，并为项目的投资决策提供科学依据。

投资回报率的分析还需要结合项目的行业背景、市场环境以及项目的运营周期来进行深入解读。建筑工程项目的回报周期通常较长，因此在评估投资回报率时，需充分考虑项目的长期运营效益，而不仅仅是短期收益，项目的风险水平也直接影响投资回报率的可靠性，高风险项目在短期内获得较高的回报，但长期收益的稳定性较低，在分析投资回报率时，决策者还应结合项目的风险评估结果，确保回报率的计算具备足够的现实性与可操作性。

（二）净收益与现金流测算的关键要素

在建筑工程项目中，净收益与现金流的测算是评估项目经济效益的重要环节，净收益的测算直接关系到项目的盈利能力，而现金流的测算则决定了项目在不同运营阶段的资金流动性与支付能力。两者的合理测算能够帮助项目方科学规划资金使用，确保项目在运营过程中具备足够的资金回笼能力。净收益的测算通常基于项目的收入与支出的全面分析，建筑工程项目的收入包括项目销售收入、租赁收入或其他形式的经济回报，而支出则涵盖了建设成本、运营维护成本、管理费用、税费等各项开支，通过对收入与支出的详细测算，能够得出项目的实际净收益，这一结果将为投资回报率的计算提供重要数据支撑。需要注意的是，建筑项目的收益通常具有周期性和波动性，因此在测算净收益时，必须结合项目的市场定位、需求波动以及价格变动等因素，确保收益预测的准确性与合理性。

现金流的测算主要围绕项目的资金流入与流出展开，项目的资金流入包括销售收入、融资资金等，而资金流出则涵盖了建设成本、债务偿还、运营支出等各项资金支出，通过对项目不同阶段的现金流进行动态测算，能够帮助项目方合理规划资金使用策略，确保项目在运营过程中具备足够的资金流动性，避免因资金短缺而导致项目停滞或运营压力过大。现金流测算的一个重要方面在于资金的时间价值，即不同时间点上资金的价值差异，在建筑工程项目中，前期的建设资金投入较大，运营期的现金流回笼较为缓慢，因此项目方在进行现金流测算时，需结合折现率对未来的资金流入进行折现处理，确保项目的现金流测算结果具备科学性与现实性。合理的现金流测算不仅能够为项目的融资决策提供数据支持，还能帮助项目方制定有效的资金调度计划，确保项目在不同阶段具备足够的资金流动性与支付能力。

（三）投资回报周期与资金回收计划的设计

投资回报周期是建筑工程项目财务评价中的重要指标，指的是项目从启动到实现全部投资回收所需的时间，投资回报周期的长短直接影响项目的资金风险与投资决策，合理的回报周期设计不仅能够确保项目资金的有效回笼，还能降低投资风险，提高项目的资金使用效率。在进行投资回报周期设计时，首先需要结合项目的资金需求与收益预测，评估项目在不同阶段的资金回流情况，确保项目的回报周期与市场环境相适应。建筑工程项目的投资回报周期通常较长，特别是那些涉及大规模基础设施建设或长期运营的项目，投资回报周期会延续数十年，在回报周期设计中，必须综合考虑项目的长期收益预期、市场需求变化以及融资结构，确保项目能够在既定的时间内实现资金回收，并为投资者带来稳定的回报。

资金回收计划的设计需要结合项目的现金流预测，合理规划资金的回笼时间与回笼方式，资金回收计划的核心是确保项目的资金流动性与偿还能力，避免因回报周期过长或回收不及时导致资金压力过大。在建筑工程项目中，回报周期的设计通常与融资结构密切相关，通过阶段性还款、分期融资等方式，合理安排资金的回收与偿还计划，确保项目的资金使用效率与回报能力。回报周期与资金回收计划的设计还需结合市场环境与风险管理策略。项目的回报周期设计过长会增加市场波动的风险，因此在设计回报周期时，必须结合市场的需求波动与价格变化，对回报周期进行动态调整，确保项目在不同市场条件下都能够实现资金的顺利回收，资金回收计划的设计还应关注项目的融资成本与运营成本，确保项目的资金回笼速度足以覆盖项目的运营支出与债务偿还，避免因资金周转不灵而导致项目的财务压力增加。合理的投资回报周期与资金回收计划设计不仅能够确保项目的长期资金安全，还能为项目的后续融资与再投资提供科学依据，帮助项目方在复杂的市场环境中保持足够的资金流动性与收益预期。

第四章　建筑工程项目造价管理

第一节　建筑工程项目造价概述

一、建筑工程造价的定义与作用

建筑工程造价是指在项目建设过程中，从项目立项、设计、施工到竣工交付的全过程中所需的全部资金费用，造价管理的核心在于对项目成本进行科学、合理的控制，确保项目在既定的资金预算内完成，并通过合理配置资源，最大化项目的经济效益，同时有效规避资金风险。

（一）建筑工程项目造价的构成与特点

建筑工程项目造价的构成较为复杂，通常包括直接成本、间接成本、规费、税金以及利润等多个部分，每个部分在项目的不同阶段具有不同的管理重点，直接成本主要涉及材料费、人工费以及机械设备使用费，这些费用是构成项目成本的核心要素，与项目的具体施工过程密切相关。间接成本则包括管理费、财务费用、办公费等，这些费用虽然不直接参与施工，但对项目的整体运行具有重要影响。规费与税金是项目必须依法缴纳的费用，也是影响项目成本的外部因素之一，需严格按照国家政策规定进行管理与缴纳，利润则是建筑企业在项目实施过程中所获得的经济回报，是建筑工程造价的组成部分之一[①]。建筑工程项目造价的特点体现在其资金使用的阶段性与波动

① 韩勇. 建筑工程施工技术问题及创新［J］. 装饰装修天地，2019，000（012）：149.

性，尤其是大型建筑工程项目，造价管理不仅要考虑项目整体的成本结构，还需结合项目的进度计划，合理安排资金的使用与流动。项目在初期阶段通常资金需求较为集中，尤其是在基础设施建设、设备采购等环节，资金支出较大。而在项目中后期，随着施工进展的逐步推进，资金使用的压力逐渐减小，建筑工程项目造价的管理不仅要注重总成本的控制，还需通过合理的资金调度，确保项目在不同阶段的资金需求能够得到有效满足。建筑工程项目造价还具有较强的不确定性，受到市场价格波动、政策变化、技术进步等多种外部因素的影响，材料价格的上涨、劳动力成本的变化、设备采购的周期等因素都导致项目成本的变化，在造价管理中，需要通过科学的成本预测与动态调整机制，确保项目能够在成本变化的情况下仍保持较高的经济效益与财务稳定性。建筑工程造价的特点决定了其管理的复杂性与多样性，要求项目管理者在造价控制中具备高度的专业性与前瞻性，确保项目的成本在预算范围内得到有效控制。

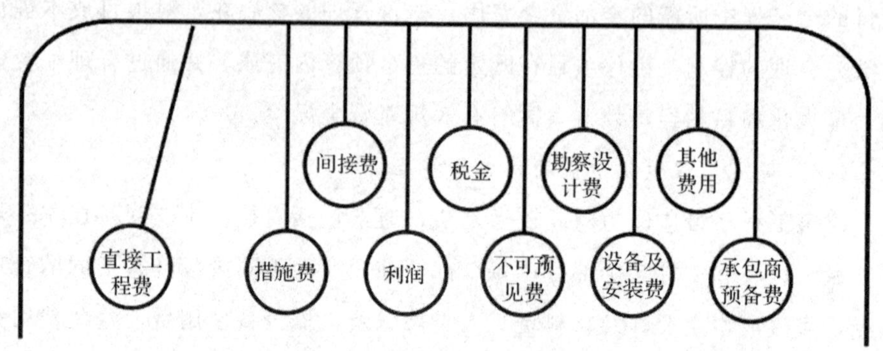

图 4—1　建筑工程项目造价的构成

（二）建筑工程项目造价的管理目标与控制原则

建筑工程项目造价管理的核心目标在于通过科学合理的成本控制，确保项目在整个建设周期内的资金使用达到最优效果，实现项目的预期经济效益，造价管理的目标包括三个方面：一是确保项目的实际成本不超出预算成本，二是通过精细化管理降低项目成本，提升项目的资金使用效率，三是通过有效的成本控制措施，降低项目的资金风险，确保项目资金链的稳定与安全。

为了实现上述目标，建筑工程项目造价的管理需要遵循以下基本原则，首先是经济性原则，要求在项目成本控制中，通过最少的资金投入实现最大的经济效益。建筑项目的每一项支出都应在保证质量与工期的前提下，最大限度地减少不必要的浪费与重复性开支，其次是科学性原则，要求造价管理的全过程应依托科学的管理方法与技术手段，包括造价测算、成本预算、动态成本控制等，确保项目成本控制具备合理的依据与操作方法，还需遵循动态调整原则，随着项目施工阶段的推进与市场环境的变化，项目造价发生波动，因此造价管理必须具备一定的灵活性与应对能力，通过定期调整造价控制方案，确保项目的资金使用始终处于受控状态。造价管理的成功与否直接关系到项目的经济效益与运营稳定性，因此在项目的每一个环节中，造价管理都必须具备足够的前瞻性与科学性，确保项目的资金使用计划与成本控制方案能够为项目的顺利实施提供有力支持，造价管理还应通过有效的成本分析与市场调研，准确预测未来出现的成本变化因素，制定出应对不同市场环境的成本控制措施，确保项目的资金使用与成本控制始终处于受控状态。

表 4－1　　建筑工程项目造价管理目标与控制原则

类别	具体内容	说明/评估要点
造价管理目标		
控制预算成本	确保项目的实际成本不超出预算。	通过精确的成本估算和预算编制，确保项目实施过程中各项费用支出在预算范围内进行。
降低项目成本	通过精细化管理，减少项目的资金投入，提升资金使用效率。	通过优化施工方案、材料选择、设备使用等手段减少浪费和重复支出。
降低资金风险	通过有效的成本控制，确保项目资金链稳定与安全。	通过成本控制和风险预判，避免项目因资金周转问题而影响进度，确保资金链条顺畅。

续表

类别	具体内容	说明/评估要点
造价控制原则		
经济性原则	以最小的资金投入，获得最大的经济效益。	在确保质量和工期的前提下，合理配置资源，避免浪费，追求投入产出的最大化。
科学性原则	依托科学的管理方法与技术手段进行造价管理。	通过造价测算、成本预算和动态成本控制等方法，使造价管理具有依据和可操作性，确保成本管理的精准和可持续性。
动态调整原则	随着项目进展和市场变化，灵活调整成本控制方案。	定期进行成本监控与市场调研，及时调整造价管理计划，确保项目始终保持在成本控制范围内，应对市场环境或施工条件变化带来的成本波动。
前瞻性原则	通过成本分析和市场调研，预测未来的成本变化并制定应对措施。	分析潜在的成本变化因素，如原材料价格波动、政策变化、外汇汇率波动等，提前制定应对方案，确保资金使用始终可控。

（三）建筑工程项目造价的控制措施与管理方法

建筑工程项目造价的控制措施涵盖了从项目立项、设计、施工到竣工交付的全过程，每一个阶段都需要针对不同的造价控制重点，采取相应的管理措施与方法，项目的造价控制通常分为前期控制、中期控制和后期控制三个阶段，每一个阶段的造价控制内容与目标各不相同，但总体目标都是确保项目的总成本不超出预算，并通过精细化管理降低项目的实际成本。在项目的前期阶段，造价控制的重点在于成本预算的合理性与造价测算的准确性，前期阶段通常包括项目的设计方案、工程量清单、施工图预算等内容，这些内容的准确性与合理性直接决定了项目的整体造价，在项目设计阶段，造价控制的核心在于优化设计方案，通过合理选择材料、设备与施工工艺，确保设计方案具备经济性与可操作性。项目设计阶段的造价控制通常采用价值工程法、限额设计法等方法，通过对项目成本的精细测算与成本构成的详细分析，确保项目设计方案具备较高的经济效益与成本控制空间。

在项目的中期阶段，造价控制的重点在于施工过程中的成本控制与资金调度，施工阶段是项目成本支出的主要阶段，材料采购、人工费、设备租赁等费用的波动导致项目成本出现较大变化，在施工阶段，必须通过动态造价控制方法，结合项目的进度计划与市场价格的变化，合理调整资金使用计划，确保项目的每一笔支出都在预算范围内。常用的中期造价控制方法包括动态成本控制法、责任成本控制法等，通过对施工过程的精细管理与实时监控，确保项目成本的可控性与经济性。在项目的后期阶段，造价控制的重点在于项目竣工结算与成本核算，项目竣工后的结算与审计直接影响项目的最终成本，因此在后期阶段，造价控制需要通过严谨的结算审查与成本核对，确保项目的所有支出都符合预算标准，并通过合理的结算程序与审计流程，确保项目的最终造价合理合法，常用的后期造价控制方法包括竣工结算审查法、成本核对法等，通过对项目实际支出与预算成本的对比分析，确保项目的资金使用效率达到最优状态。

二、工程造价管理的范围与内容

工程造价管理涵盖了从项目决策阶段、设计阶段、施工阶段到竣工交付等多个环节，涉及的管理内容广泛，包括成本测算、资金控制、合同管理、施工预算、成本核算等多个方面，目的是通过全方位的成本控制措施，确保项目在既定资金范围内顺利完成并实现预期经济效益。

（一）项目决策阶段的造价管理

项目决策阶段的造价管理是建筑工程造价控制的起点，在此阶段，项目的成本控制措施需要从全局出发，对项目的可行性、投资回报率、资金需求进行全面的分析与评估。决策阶段的造价管理主要包括投资估算、项目预算、资金筹措等内容，其核心目的是通过科学的资金测算与投资分析，确保项目的初始资金规划合理，为后续的设计与施工提供可靠的成本控制基础①。在投资估算环节，造价管理者需要结合市场价格、技术标准以及项目规模，对项目的总投资额进行初步估算，并根据项目的建设周期与资金需求，合理制定资金筹措计划。此环节的造价管理必须确保项目的投资估算具备足够的科学依据与合理性，避免出现资金短缺或过度投资的情况，项目预算则是对投资估算的细化与落实，在此阶段，造价管理者需要结合项目的具体需求与市场价格变化，进一步细化项目的各项资金使用计划，确保项目的预算结构合理、资金使用效率高。

项目决策阶段的造价管理还包括风险评估与资金控制策略的制定。建筑工程项目的成本风险较高，因此在决策阶段，造价管理者必须通过详细的风险评估，提前预判出现的成本波动因素，并制定相应的成本控制预案。资金控制策略的制定则需要结合项目的实际情况，合理安排资金的使用节奏与流动性，确保项目在不同阶段都具备足够的资金支持，避免因资金短缺影响项目的正常推进。决策阶段的造价管理不仅决定了项目的总体投资规模与资金使用效率，还为项目的后续设计与施工阶段奠定了坚实的资金基础，因此在此阶段，造价管理者必须具备全局思维与前瞻性，确保项目的投资规划与成本控制具备足够的科学性与可行性。

（二）设计阶段的造价管理

设计阶段的造价管理是项目成本控制的关键环节之一，其核心目标是通过优化设计方案，确保项目在满足功能需求与质量标准的前提下，实现最优的资金使用效率。设计阶段的造价管理主要包括设计方案的经济性分析、工程量清单编制、设计变更控制等内容，重点在于通过对设计方案的优化与调整，确保项目的设计成本控制在合理范围内。设计方案的经济性分析是设计阶段造价管理的核心内容，造价管理者需要结合项目的实际需求与技术要求，对设计方案中的各项成本构成进行详细分析，确保设计方案既具备可行性，又具备经济性，造价管理者通常通过价值工程分析法，对项目的设计方

① 包航. 建筑工程施工与项目管理探索 [J]. 2024 (5): 61－63.

案进行优化与改进，寻找出最具成本效益的设计方案，确保设计成本在不影响项目功能与质量的前提下，实现最优的资金使用效果。

工程量清单编制是设计阶段造价管理的重要组成部分，通过对项目的各项工程量进行精确计算，造价管理者可以为后续的施工预算与成本核算提供详细的成本依据。工程量清单的编制必须确保每一个施工环节的工程量得到准确的测算，并结合市场价格与施工工艺的变化，合理确定各项费用标准，避免出现因工程量误差导致的成本超支或资金浪费。设计变更控制是设计阶段造价管理中的难点与重点，建筑工程项目的设计变更往往会导致成本的增加，因此在设计阶段，造价管理者需要严格控制设计变更的频率与范围，确保每一次设计变更都具备合理的依据与充足的预算支持。设计变更的控制不仅需要通过技术手段进行优化，还需通过经济分析评估其对项目总成本的影响，确保设计变更不会导致项目成本失控或超出预算范围。设计阶段的造价管理不仅影响着项目的初期成本构成，还为项目的施工阶段奠定了基础，因此在此阶段，造价管理者必须通过精细化管理与科学的成本控制手段，确保项目的设计成本得到有效控制，并为项目的顺利施工提供经济保障。

（三）施工阶段的造价管理

施工阶段是项目成本支出的主要阶段，也是造价管理的核心环节之一，造价管理的主要目标是通过对施工过程的实时监控与动态调整，确保项目的实际成本控制在预算范围内，同时通过合理的资金调度与成本控制措施，提升项目的资金使用效率与经济效益，施工阶段的造价管理主要包括施工预算编制、成本动态控制、资金使用计划调整等内容。施工预算编制是施工阶段造价管理的起点，通过对项目的工程量清单、施工工艺、市场价格等因素进行详细分析，造价管理者需要编制出详细的施工预算，并通过预算控制确保项目的实际成本与预算成本相符。施工预算的编制必须确保数据的准确性与全面性，尤其是在涉及材料采购、设备租赁、人工费用等方面，造价管理者需要结合市场价格的波动与施工进度的变化，合理确定各项费用标准，避免出现因预算不合理导致的成本超支或资金浪费。

成本动态控制是施工阶段造价管理的核心内容，施工过程中的成本波动较大，材料价格、人工费用、施工进度等因素都会影响项目的实际成本，因此在施工阶段，造价管理者必须通过动态成本控制方法，实时监控项目的成本变化，并根据实际情况调整成本控制方案，确保项目的成本始终处于可控状态。常用的成本动态控制方法包括进度成本控制法、责任成本控制法等，通过对施工过程的实时监控与成本分析，造价管理者能够及时发现并纠正项目中的成本偏差，确保项目的资金使用效率与成本控制效果达到预期目标。资金使用计划调整是施工阶段造价管理的重要手段，通过对项目的资金流动性与支付能力进行详细分析，造价管理者需要合理安排资金的使用与支付，确保项目在不同施工阶段都具备足够的资金支持。施工阶段的资金需求较大，特别是在材料采购、设备租赁等环节，资金支出较为集中，因此造价管理者必须结合项目的进度计划与资金需求，合理制定资金使用计划，确保项目的每一笔支出都符合预算要求，并通过资金调度避免资金短缺或过度使用的情况发生。施工阶段的造价管理不仅决定了项目的实际成本构成，还直接影响着项目的经济效益与资金安全，因此在此阶段，造价管理者必须通过科学的管理方法与精细化的成本控制手段，确保项目的资金使用效率与成本控制水平达到最优状态。

三、造价管理在建筑项目中的重要性

造价管理是建筑工程项目成功实施的核心环节之一，贯穿于项目的各个阶段，其主要作用在于确保项目成本的合理性与经济性，避免资金浪费与成本超支，并通过精细化的成本控制实现项目的预期经济效益与社会效益，对于大型建筑项目而言，造价管理不仅影响项目的资金使用效率，还直接关系到项目的资金安全和运营稳定性，因此其重要性不容忽视。

（一）造价管理对项目成本控制的核心作用

造价管理在建筑项目中扮演着成本控制的核心角色，确保项目在整个建设周期内的实际支出控制在合理范围之内，避免因成本失控导致项目的资金短缺或超支风险。建筑项目的资金使用呈现出周期性和波动性，尤其是在施工阶段，材料费用、人工成本、设备租赁等支出较为集中，造价管理能够通过科学的成本预测与动态控制，合理安排资金的使用与调度，确保项目的资金流动性始终处于可控状态，避免因资金不足影响施工进度或工程质量。造价管理在成本控制中的作用首先体现在前期的成本预算与测算环节，通过对项目的设计方案、工程量清单、市场价格等进行详细分析与测算，造价管理者能够制定出合理的预算方案，并通过预算控制确保项目的实际支出与预算成本相符。预算的合理性直接决定了项目资金的使用效率，因此在项目的设计与规划阶段，造价管理者需要充分考虑市场价格波动、施工工艺变化等多重因素，确保成本预算具备足够的科学性与现实依据。造价管理在项目实施过程中的动态控制也是其核心作用之一，建筑项目的成本波动较大，尤其是在施工阶段，材料价格、人工费用、市场需求等因素都会导致项目成本出现变化，造价管理者必须通过动态调整与实时监控，确保项目的每一笔支出都在预算范围内，同时通过精细化管理与成本分析，及时发现并纠正施工过程中的成本偏差，确保项目的实际成本始终处于受控状态。

（二）造价管理对资金使用效率的提升作用

造价管理的另一个重要作用在于提升项目的资金使用效率，确保每一笔资金都能够得到合理使用，避免不必要的资金浪费或重复支出，建筑项目的资金需求通常较为庞大，尤其是在大型基础设施建设项目中，资金的合理使用与调度对项目的顺利实施至关重要。造价管理能够通过对资金流入与流出进行详细规划与控制，确保资金的使用效率达到最优状态，为项目的长远发展提供资金保障，

资金使用效率的提升首先体现在项目的成本分配与支出安排上，造价管理者需要根据项目的进度计划与资金需求，合理安排资金的使用顺序与支付方式，确保项目在不同施工阶段都具备足够的资金支持，在项目的建设初期，材料采购、设备租赁等支出较为集中，此时造价管理者必须通过合理的资金调度，确保项目的前期投入能够满足实际需求，避免因资金不足影响项目进展，造价管理还需通过精细化的成本控制，避免出现不必要的重复性支出或资金浪费，确保项目的资金使用效率达到最优水平。

资金使用效率的提升还需通过对项目成本结构的优化实现，造价管理者

在项目实施过程中，不仅要关注资金的使用情况，还需结合项目的整体资金需求与市场环境，合理优化项目的成本结构，确保资金的使用效益最大化。尤其是在市场价格波动较大或政策变化频繁的情况下，造价管理者需要及时调整资金使用策略，确保项目的资金流动性与支出结构能够适应市场变化，避免因市场波动导致的资金浪费或成本超支。合理的资金使用效率不仅能够确保项目的顺利实施，还能为项目的长期发展提供资金支持，因此造价管理在项目资金管理中的作用至关重要，通过科学的资金调度与成本控制，造价管理者能够有效提升项目的资金使用效率，为项目的顺利实施与长期发展奠定坚实的基础。

（三）造价管理对项目经济效益与社会效益的保障作用

造价管理不仅影响项目的成本控制与资金使用效率，还直接关系到项目的经济效益与社会效益，科学合理的造价管理能够确保项目的经济效益最大化，并通过精细化的成本控制实现项目的预期收益目标。建筑项目的经济效益主要体现在项目的盈利能力与资金回报率上，通过造价管理，项目方能够确保每一笔支出的合理性与必要性，避免资金的浪费与成本的失控，为项目的投资回报提供有力保障。造价管理对项目经济效益的保障作用首先体现在成本控制的效果上，建筑项目的成本结构复杂，尤其是在施工阶段，材料价格、人工费用、设备租赁等成本构成较为庞大，若无法通过有效的成本控制措施实现成本的精细化管理，项目的整体经济效益将受到严重影响，造价管理者必须通过科学的成本预算与动态控制，确保项目的实际支出始终处于受控状态，并通过合理的资金调度与成本分配，确保项目的资金使用效率达到最优，从而提升项目的经济效益与资金回报能力。

造价管理对项目社会效益的保障作用则主要体现在项目的资金安全与长期运营上，建筑项目的社会效益不仅体现在经济回报上，还包括项目对社会发展的促进作用与对公众福祉的提升作用，通过科学的造价管理，项目方能够确保项目的资金链条稳健安全，避免因资金短缺或成本失控影响项目的正常运营，造价管理还能通过对项目资金的合理规划与控制，确保项目在建设过程中具备足够的资金支持，避免出现资金链断裂或项目中途停工的情况，进而确保项目能够顺利竣工并投入使用，为社会带来更大的经济效益与社会价值。造价管理的经济效益与社会效益保障作用不仅体现在短期成本控制上，还需结合项目的长期发展规划与资金需求，确保项目的每一笔资金都能够得到合理使用，并为项目的长期运营与社会效益提供充足的资金保障。

第二节　建筑工程项目造价的组成及计价程序

一、工程造价的基本构成要素

建筑工程项目造价的构成要素是项目成本核算与资金使用的重要基础，主要包括直接成本、间接成本、规费、税金以及企业利润等多个方面，每一个构成要素在不同的项目阶段和环节中发挥着重要的作用，通过合理的成本分配和资金控制，能够确保项目在既定的预算范围内顺利实施，并实现预期的经济效益。

（一）直接成本的构成及控制

直接成本是建筑工程项目造价的主要组成部分之一，指的是在项目施工过程中直接发生的、与项目建设密切相关的各项费用，直接成本主要包括人工费、材料费、机械使用费等，这些费用直接关系到项目的施工质量与进度，是造价管理中的核心内容之一，由于直接成本在项目造价中占据了相当大的比重，因此如何有效控制直接成本，成为了造价管理的关键环节。

人工费是直接成本中的重要组成部分，指的是项目施工过程中支付给各类劳动者的劳动报酬，人工费的大小受到劳动市场供求关系、地区经济发展水平以及项目规模等多重因素的影响，因此在进行造价管理时，必须根据项目所在地区的劳动力市场情况合理确定人工费标准，确保人工费的支出既符合市场规律，又不会超出预算范围①。材料费是直接成本中占比最大的部分，指的是项目施工过程中所使用的各类建筑材料的采购费用。材料费的大

① 孔乐．绿色建筑概念在工程建设项目管理中的应用与探索［J］．数码一移动生活，2023（7）：7－9．

小受到市场价格波动、材料需求量以及采购方式的影响，因此在材料费的控制中，造价管理者需要通过市场调研与供应链管理，确保项目能够以合理的价格采购到质量合格的建筑材料，从而有效控制材料费的支出。机械使用费是指项目施工过程中所使用的各类机械设备的租赁或使用费用，其大小与机械设备的种类、使用时间以及租赁价格密切相关，在机械使用费的控制中，造价管理者需要结合项目的施工进度与设备需求，合理安排机械设备的租赁时间与使用频率，确保机械使用费的支出能够在预算范围内得到有效控制。直接成本的控制不仅关系到项目的实际成本构成，还直接影响着项目的经济效益，造价管理者在控制直接成本时，必须通过精细化的成本核算与动态调整，确保每一笔直接成本的支出都具备合理的依据，并能够为项目的顺利实施提供资金保障。

（二）间接成本的构成及管理

间接成本是建筑工程项目造价的另一个重要组成部分，指的是在项目施工过程中无法直接归属于某一具体工程量，但与项目的整体管理和运行密切相关的各项费用。间接成本主要包括管理费、办公费、财务费用、保险费用等，这些费用虽然不像直接成本那样与施工过程紧密相连，但对项目的正常运转起着重要的保障作用，如何有效控制间接成本，确保项目的管理费用不超出预算，成为了造价管理中的又一重要课题。管理费是间接成本中的主要组成部分，指的是项目管理过程中发生的各类行政管理费用，包括项目部的办公费用、人员工资、交通费用、通讯费用等。管理费的大小与项目的规模、工期以及管理模式密切相关，因此在进行造价管理时，必须根据项目的实际需求合理确定管理费标准，确保项目管理费用的支出符合预算要求。办公费则是指项目部在日常办公过程中所发生的各类办公用品、设备采购、租赁费用等，这些费用虽然金额相对较小，但在长期施工项目中，办公费的积累也对项目的整体造价产生影响，因此在办公费的控制中，造价管理者需要通过精细化的办公用品采购与使用管理，确保办公费的支出能够在预算范围内得到有效控制。财务费用是指项目在资金筹措与使用过程中所发生的各类利息费用、手续费等，其大小与项目的融资方式、融资规模密切相关。为了有效控制财务费用，造价管理者需要通过合理的资金调度与融资规划，确保项目在资金使用过程中能够尽量减少不必要的财务支出，从而降低间接成本的负担。间接成本的管理不仅涉及到项目的资金使用效率，还与项目的管理模式和组织架构密切相关，造价管理者在控制间接成本时，必须通过优化管理流程与精细化的费用管控，确保间接成本的支出能够在不影响项目正常运转的前提下，实现最优的资金使用效率。

（三）规费与税金的构成及计算

规费与税金是建筑工程项目造价中不可或缺的组成部分，主要是指项目在建设过程中依法应缴纳的各类行政事业性收费和税收，规费与税金的构成主要包括社会保险费、住房公积金、质量监督费、城建税、增值税等，这些费用的大小通常由国家或地方政府的政策规定决定，因此在进行造价管理时，必须严格按照相关法律法规进行计算与缴纳，确保项目的资金使用符合法律要求。

社会保险费与住房公积金是规费中的主要组成部分，指的是项目单位为施工人员缴纳的各类社会保险费用以及住房公积金，这些费用的缴纳标准通常由国家或地方政府规定，并根据施工人员的工资基数进行计算，在进行规费管理时，造价管理者需要根据施工人员的实际工资水平，合理计算社会保险费与住房公积金的缴纳金额，确保项目的规费支出符合国家规定，并能够为施工人员提供必要的社会保障。质量监督费是指项目在施工过程中依法应缴纳的质量监督管理费用，其大小通常与项目的工程规模、施工工艺等因素相关。在进行质量监督费的计算时，造价管理者需要结合项目的实际情况，合理确定监督费用的标准，确保项目的质量管理能够得到有效保障。

税金是建筑工程项目造价中不可忽视的一部分，主要包括增值税、城建税、教育费附加等各类税费，在进行税金的计算时，造价管理者需要根据国家税法的规定，合理计算项目的应缴税额，并通过合法的税务筹划降低项目的税收负担，确保项目的税金支出能够在预算范围内得到有效控制。规费与税金的计算不仅关系到项目的资金合规性，还直接影响着项目的资金使用效率与造价控制效果，造价管理者在进行规费与税金管理时，必须严格按照国家相关政策规定，确保项目的规费与税金支出合法合规，并通过合理的费用规划与税务筹划，降低项目的成本负担。

二、直接费用与间接费用的区别

建筑工程项目造价中的直接费用与间接费用存在明显区别，直接费用指的是与项目施工过程密切相关、能够直接分摊到具体工程项目的费用，而间接费用则是在项目施工过程中产生的、无法直接分配到某一具体项目的费用，两者在费用的归集方式、管理重点和计价程序上存在显著差异。

（一）直接费用的构成及其特点

直接费用是建筑工程项目中能够明确归属到具体施工任务的费用，通常包括人工费、材料费和机械设备使用费，这些费用是项目施工的核心开支，直接影响着项目的成本核算和造价控制，由于直接费用是项目实际成本的重要组成部分，因此在项目造价管理中，如何精确计算并有效控制这些费用，成为了项目成本管理的关键。人工费是直接费用中的重要组成部分，指的是支付给施工人员的工资、奖金、津贴以及其他福利费用。其计算依据是实际参与施工的劳动力人数和工作量，因此能够直接归属到项目的施工过程中。材料费则是指用于项目施工所需的各类建筑材料的采购费用，材料费的波动性较大，受到市场价格、采购数量、供应链条件等因素的影响，因此材料费的管理在建筑工程项目中至关重要，造价管理者必须结合市场情况合理控制材料成本。机械设备使用费是指项目在施工过程中使用各类机械设备的费用，包括设备的租赁费、维修费以及操作人员的工资等，由于建筑工程项目的施工通常依赖于大型机械设备，因此机械使用费也是直接费用的重要组成部分之一。

直接费用的特点在于其与项目的施工过程密切相关，能够直接按照工程量进行归集和分摊。每一笔直接费用的支出都能与具体的施工任务相对应，造价管理者可以通过细化项目的施工计划与成本分配，将这些费用准确地归集到各个施工环节中，直接费用还具有一定的波动性，尤其是在施工过程中，材料价格、人工成本等因素受到市场变化的影响，因此在管理直接费用时，必须通过实时监控和动态调整，确保项目的实际支出能够与预算保持一致，避免出现资金超支或项目停工的情况。

（二）间接费用的构成及其特点

间接费用是建筑工程项目造价中的另一重要组成部分，指的是项目施工过程中产生的无法直接归集到具体工程量的费用，间接费用通常包括管理费、办公费、财务费用、保险费用等，这些费用虽然与项目施工密切相关，但由于其无法直接分摊到具体的施工任务中，因此在造价管理中，需要通过一定的分配方式进行归集和控制。

管理费是间接费用中的主要组成部分，指的是项目管理过程中发生的各类行政管理费用，包括项目部的办公费用、人员工资、交通费用、通讯费用等，这些费用是项目管理的重要支出，直接影响着项目的整体运营效率，因此在管理费的控制中，造价管理者需要结合项目的规模、施工周期以及管理模式，合理确定管理费用的标准，确保项目管理能够顺利进行的不会因为管理成本过高影响项目的整体效益。办公费是项目日常办公过程中发生的各类支出，包括办公用品、设备采购、租赁费用等，虽然办公费的金额相对较小，但在长期的项目施工过程中，这些费用的累积也对项目的成本产生一定影响，因此在管理办公费时，必须通过精细化的采购与管理，确保办公费用的合理使用。财务费用是指项目在融资、资金使用过程中发生的各类利息费用、手续费等，这些费用的大小与项目的资金结构、融资方式密切相关，合理控制财务费用可以有效降低项目的资金成本。保险费用是指项目在施工过程中为人员、设备、建筑物等购买的各类保险，这些费用能够为项目的顺利实施提供保障，确保在发生意外情况时能够获得经济赔偿。

间接费用的特点在于其无法直接归属到具体的施工任务中，通常需要通过一定的分配方式，将这些费用按比例分摊到项目的各个环节中，由于间接费用的发生具有较强的间接性和随机性，因此在管理间接费用时，造价管理者需要通过科学的预算管理和成本核算，将这些费用合理地归集到项目的整体造价中，确保项目的资金使用效率，间接费用的波动性相对较小，不会像直接费用那样受到市场价格或施工进度的直接影响，因此在预算编制过程中，间接费用的控制相对较为稳定。

（三）直接费用与间接费用的计价程序差异

直接费用与间接费用在计价程序上的差异主要体现在费用归集的方式和分摊的原则上，直接费用的计价程序较为简单，因为这些费用能够直接归属到项目的具体施工任务中，因此在计价时，只需按照项目的施工进度和工程量进行归集和核算。每一笔直接费用的支出都能够与具体的施工任务相对应，造价管理者可以根据实际施工过程中发生的人工、材料和机械费用，直接将这些费用分摊到项目的各个环节中，确保费用的归集过程具有较高的透明度和准确性。

间接费用的计价程序相对复杂，由于这些费用无法直接归属到某一具体的施工任务中，因此在计价时，必须通过一定的分摊比例，将间接费用按照项目的整体规模、施工周期以及管理方式进行合理分配。造价管理者需要结合项目的具体情况，确定合理的分摊方式，确保每一笔间接费用都能够准确地归集到项目的整体造价中，在实际操作过程中，间接费用的分摊还需考虑到项目的特殊性和区域性差异，不同地区、不同类型的建筑项目，其间接费用的发生情况存在较大差异，因此在进行间接费用的计价时，必须结合项目的具体特点，灵活运用分摊比例，确保间接费用的计价结果准确合理。直接费用与间接费用的计价程序差异还体现在费用核算的周期上，直接费用的核算周期通常与项目的施工周期相一致，随着项目的施工进度不断进行核算和调整。而间接费用的核算周期则相对较长，通常是在项目的管理过程中按照年度或季度进行核算和分配，因此在进行项目造价管理时，造价管理者必须根据不同费用的发生特点，灵活调整计价程序，确保项目的整体造价控制在合理范围内。

三、计价依据与程序

建筑工程的计价依据与程序是确保项目能够按照预定计划进行的重要环节之一，合理、科学的计价体系不仅关系到项目各方的利益，还影响到整体施工的顺利推进。工程计价的原则在于通过对施工过程中所耗费的各类资源进行准确的量化与估价，最终形成一套完整的价格体系，进而确保施工企业能够实现合理的利润空间，业主方能够在预算内得到期望的施工结果。计价程序中，通常涵盖材料、人工、设备等多个维度的成本评估，并结合市场变化与合同条款进行调整与确认。

（一）计价依据的原则与作用

在建筑工程的计价过程中，依据的选择不仅决定了整个项目的成本结构，也在很大程度上影响着合同双方的博弈空间，建筑行业中常见的计价依据包括但不限于市场价格、材料消耗标准、工艺操作流程以及施工图纸中的设计要求，这些依据不仅是对项目实际成本的真实反映，也是工程合同中约定的价格标准[①]。选择合理的计价依据，可以有效减少施工过程中产生的纠纷，并在一定程度上规范施工企业的操作行为。工程项目的复杂性决定了不同类型的工程需要依赖不同的计价依据，住宅类建筑的计价标准会集中于材料成本的细致评估，而对于大型基础设施项目而言，设备使用的频次和人工成本或成为主要的计价要素，依据的灵活选择与合理使用在工程实施中尤为关键。计价依据还能够有效指导企业进行资源的合理配置，避免资源浪费的同时最大化利用现有条件，在经济效益和项目质量间找到平衡点。需要强调的是，工程造价人员在制定计价依据时，应当充分结合市场调研数据，确保计价依据的科学性与合理性，计价依据的透明性也至关重要，公开透明的计价依据可以增强业主与施工方之间的信任，减少不必要的争议与风险，进而提高施工效率与合同履行的顺畅程度。

（二）工程量清单的编制与审查

工程量清单作为工程计价的重要工具，是确保项目成本透明化的关键文件，其编制和审查过程直接影响着项目的最终造价，工程量清单的编制不仅仅是对工程中各类资源需求的量化描述，更是对整个施工过程的全面梳理。编制清单时，要求造价人员必须详细、准确地计算每一项施工项目所需的材料、人工、设备以及其他相关费用，任何一项误差都导致项目成本的严重偏

① 贾静轩. 建筑工程经济与管理风险防范策略［J］. 建筑与装饰，2023（10）：115－117.

差。为确保工程量清单的准确性，编制工作往往需要依托于详尽的施工图纸和设计方案，同时结合施工现场的实际条件进行测算与核对，清单编制不仅是一个静态的过程，工程实施中的变化或设计的调整都对清单内容产生影响，因此定期审查与动态调整成为必要。清单编制完成后，还需经过专业人员的审查与确认，确保其能够反映实际工程需求，避免出现漏项、错项等问题，工程量清单的审查过程要求严格按照行业标准进行，不仅要审查清单的内容是否完整，还需要核实各项费用是否符合市场标准和合同规定，审查时也要考虑的价格波动因素，确保清单能够涵盖未来施工中的价格调整空间。经过严格审查的工程量清单将成为施工合同中的核心组成部分，直接决定着项目的支付标准与结算依据，清单的编制与审查质量对项目的整体造价控制具有至关重要的作用。

（三）合同价款的确定与调整

合同价款的确定是工程计价程序中的关键环节，合理、清晰的合同价款不仅能够保障施工企业的经济利益，也有助于业主对项目成本的有效控制，合同价款的确定需要基于前期编制的工程量清单、施工图纸以及相关的市场价格信息，同时还需要结合工程合同中的具体条款进行确认与调整。合同价款的确定过程不仅是对项目整体造价的评估，也是对项目风险的合理分配。在价格确定过程中，双方通常会针对材料价格、人工费用、设备使用等多项内容进行协商与确认，以确保最终价格能够在双方都能接受的范围内。合同价款的调整机制也是工程计价中的重要内容，工程项目的复杂性和施工周期的长短往往决定了合同价款并不是一成不变的。在施工过程中由于设计变更、市场价格波动、施工条件变化等原因，合同价款会需要根据实际情况进行相应的调整，合理的合同价款调整机制应当在合同签订时就进行明确约定，规定哪些情况可以触发价款的调整以及如何进行调整，避免在施工过程中产生不必要的纠纷。合同价款调整不仅需要遵循合同条款的规定，还应根据实际情况进行科学评估，确保调整后的价格能够反映工程的真实成本，而不至于对项目双方产生过度的财务压力，合理的合同价款确定与调整机制是项目顺利实施的保障，能够有效防范施工过程中的价格风险，提升项目管理的灵活性与可控性。

第三节　建筑工程项目工程量清单计价与造价管理

一、工程量清单的基本概念

工程量清单是建筑工程造价管理中的核心组成部分，作为工程计价的基础文件，它详细列出项目建设过程中各类资源的数量和类型，为成本预测、合同签订及项目管理提供了重要依据。工程量清单的精确性直接关系到项目整体造价的合理性和可控性，确保资金的有效利用与成本的透明化。

（一）工程量清单编制的原则与方法

工程量清单的编制是建筑工程项目造价管理的基础环节之一，其重要性体现在它能够详细列出施工项目中所有分项工程所需的材料、人工、设备和其他资源的具体数量，并对这些资源的使用情况进行精确的计算和统计。编制过程中遵循的基本原则包括全面性、精确性与合理性，要求在项目的每个阶段，所有涉及的成本支出都能够在清单中得到详细体现，确保项目施工过程中不会因为漏项、缺项等原因造成预算的偏差①。在编制过程中，工程量的核算不仅需要考虑设计图纸中的各项技术要求，还应充分结合现场条件、施工组织设计等实际因素，确保清单中的数量和类型与实际施工需求完全吻合。为了保证工程量清单的精确性，编制人员需具备高度的专业技能，并熟悉各类工程材料、施工工艺以及市场价格波动等情况，尤其在大型复杂工程中，任何细微的误差都导致工程造价的显著偏差。清单编制完成后还需要经过多轮审核，确保其内容完整、无误，能够真实反映项目的施工需求。为了避免清单内容与项目实际脱节，编制工程量清单时，通常需要对市场价格和施工环境的变化进行预估，以确保清单内容具备一定的前瞻性与适应性，从而减少后续造价调整的频率。

---

①　沈志鹏．建筑工程经济在工程项目管理中的应用分析［J］．中文科技期刊数据库（全文版）经济管理，2023（4）：4.

（二）工程量清单计价方式及要素

在建筑工程项目中，工程量清单的计价方式直接影响到项目的整体造价控制与经济效益，工程量清单计价主要依据施工中实际发生的各类资源消耗，包括材料、人工、机械设备使用以及各项施工措施费用等多个方面，每一项费用的确定都必须以市场实际价格为基础，并结合施工组织的具体要求进行细化和调整。工程量清单计价的核心要素主要包括分部分项工程费、措施费、其他项目费、规费和税金等几个部分，其中分部分项工程费是计价的主体，涵盖了工程施工过程中所需的各类直接费用，包括材料、人工和设备的成本。措施费用则主要是为了确保施工顺利进行而发生的各类必要支出，脚手架、临时设施、安全防护等。其他项目费用则涵盖了不可预见的各类支出，通常需要根据项目复杂性和施工周期的长短进行灵活调整。规费和税金是依据国家相关规定和政策标准所确定的费用，确保项目造价的合规性。计价过程中需对所有费用项目进行详细的成本核算，确保每一项费用都能够反映市场的实际情况，计价方式不仅要确保造价的准确性，还应具备灵活调整的能力，以应对施工过程中出现的各种变化，计价完成后，还需要将各项费用进行合并与审核，形成最终的工程造价报告，作为项目合同价款的基础依据。

（三）造价管理中的动态控制与调整

在建筑工程的造价管理中，动态控制与调整是确保项目造价始终保持在合理范围内的重要手段，特别是面对建筑市场的复杂性和多变性，项目造价管理不仅需要在施工初期对项目整体造价进行精确的预算和控制，还应在项目实施过程中根据实际情况对预算进行适时调整和优化。动态造价管理的关键在于对项目施工进度、市场价格波动、设计变更以及施工现场实际情况等多个因素的实时跟踪和反馈，通过定期的成本审查和数据分析，及时发现造价管理中存在的风险和问题，并采取相应的调整措施。在实际操作中，动态造价管理需要结合项目管理系统，通过对每一个施工阶段的成本进行实时监控，确保工程的每一项支出都能够严格控制在预算范围内。如果在施工过程中由于材料价格上涨、人工成本增加或是设计方案的重大变更导致预算超支，项目管理人员需根据工程量清单中的项目费用情况，对相关费用进行合理调整，以保证项目整体造价的控制与实施进度不受影响。在预算调整的过程中，必须做到精确、及时，并尽量减少对项目整体进展的影响，确保在不影响项目质量和工期的前提下，保持造价管理的可控性和有效性。造价管理的动态调整不仅需要造价人员具备高度的专业判断力，还需要项目各方的协同合作，确保预算调整能够在合理范围内得到认可和执行，从而最大限度地降低造价管理中的风险。

二、工程量清单的编制程序

工程量清单的编制程序是建筑工程造价管理中不可忽视的核心步骤，其目的是通过准确记录和量化项目所需的各项资源，确保施工过程中的成本控制、资源配置和资金流向均能够有效管理。科学合理的编制程序是保障工程量清单完整性和精确性的基础，有助于项目顺利进行并避免资金超支。

（一）项目初步分析与需求确认

在工程量清单的编制过程中，项目的初步分析与需求确认是整个编制程序的起点，建筑工程的规模、类型、复杂程度以及环境因素等都是影响工程量清单编制的关键因素。编制人员需在项目启动阶段进行详细的项目初步分析，对设计图纸、施工计划、施工场地的环境条件以及项目的整体要求进行充分理解与研究，此过程不仅仅涉及对项目基本信息的掌握，更需要对施工周期、技术要求、材料使用及人员配置等做出初步的估算和规划。初步分析的目标在于确保所有涉及的资源需求在清单编制阶段得以充分考虑，避免遗漏或低估，需求确认环节紧随其后，项目相关方包括业主、设计方、施工方需就项目实施中的各类需求进行详细沟通与确认，以便工程量清单的编制能够全面覆盖所有的项目需求，并确保在执行中不会因为缺乏清晰的需求导向而产生额外的造价风险，需求确认过程还需对不同阶段的工作量进行初步划分，以确保后续清单编制能够科学划分工作任务和资源投入，从而在整体规划中找到最佳平衡。

（二）工程量清单的分项工程确定与划分

在完成项目初步分析与需求确认之后，工程量清单编制程序的下一步是对具体的分项工程进行详细的划分与确定，分项工程的划分是确保清单精确性的关键环节，每一个分项工程都对应着施工过程中的某一特定任务或步骤，其内容涉及到材料的使用、人工的投入、设备的需求以及具体的施工技术。分项工程的确定要求编制人员对项目的施工图纸和设计方案进行逐一解读，确保每一个施工环节的技术要求和实际需求都能够在清单中得到体现，在划分分项工程时，还需充分考虑施工顺序和相互依赖性，确保清单中的各项资源配置与施工进度保持一致，从而避免因施工进展中的不协调造成资源浪费或时间延误。每个分项工程的具体要求应在清单中清晰体现，包括施工所需的材料类型、规格、数量，人工所需的工种、工作量以及设备使用的频次和时间，以保证施工单位在执行时能够明确所需的资源配置，避免因清单不明确导致的施工问题，分项工程的划分还应充分考虑到工程的复杂程度，对于复杂的施工工序或涉及多工种协作的分项工程，编制人员需对相关费用和资源的配合使用进行详细计划和说明，确保清单能够全面反映项目的真实需求。

（三）工程量的计算与审核

工程量的计算是编制程序中的核心步骤，编制人员需根据分项工程的划分，对每一项具体工程所需的材料、人工和设备进行量化，确保清单中的工程量能够真实反映施工所需的资源。工程量计算不仅仅是对设计图纸中的内容进行简单的量化，还需结合实际施工现场的情况，对出现的施工误差、材料损耗、人员效率等因素进行预估与调整，确保最终计算结果具有一定的灵活性和适应性。计算过程中需严格按照国家和行业的标准规范进行操作，确保清单的编制能够符合法律法规的要求，并在审查过程中具备可审核性，工程量的计算需高度精确，尤其是在大型项目中，任何微小的误差都导致成本的显著偏差，进而影响项目的整体经济效益。在完成工程量的初步计算后，还需进行多轮的审核与复核，确保所有数据均无误，审核工作通常由项目管理人员、设计方和造价人员共同进行，通过对工程量清单的逐项审核，发现并纠正存在的计算错误或遗漏。审核过程不仅仅是对数量的核对，还应对每一项工程量的计算依据和逻辑进行详细检查，确保计算过程的科学性与合理性。经过多轮审核后的清单，将作为项目的最终清单提交给业主方和相关管理机构进行确认，为项目的预算编制和造价管理提供重要依据。

三、清单计价的特点与应用

清单计价作为建筑工程项目管理中的重要组成部分，具有独特的特点和应用领域，它通过明确各项施工内容的具体费用，为项目的成本控制和造价管理提供了详细的数据支持，能够有效提高工程造价的透明度，增强施工单位与业主之间的沟通与协作，确保项目造价的合理性和可控性。

（一）清单计价的透明性与规范性

清单计价的透明性是其最显著的特点之一，它通过对工程中各项费用的详细分解，将项目的整体成本结构进行清晰的展示，使得各方能够清楚了解施工中所涉及的每一项支出，并对相关费用进行合理评估和控制。清单计价的规范性则体现在其计价依据和标准的严格执行上，建筑行业通常依据国家和行业的相关规定和标准进行工程量清单的编制和计价，确保所有费用的核算过程都具有合法性和可操作性①。清单计价的透明性不仅有助于施工单位与业主之间的沟通与协作，还能够有效减少因信息不对称导致的各类争议和纠纷，增强项目造价管理的公平性和合理性。清单计价的规范性要求编制人员在编制清单时严格按照标准进行操作，确保每一项费用的计算都能符合相关规定，并能够在后续的审查和结算过程中经得起推敲，通过细致的分项工程划分，清单计价能够将各类费用进行详细的记录和展示，使得项目管理者能够更好地把握项目的资金使用情况，并对出现的超支风险进行及时预警和控制。

（二）清单计价的灵活性与适应性

清单计价的灵活性体现在其能够根据项目的实际情况进行动态调整，不同类型的建筑工程项目由于其规模、复杂程度和技术要求的不同，所需的资源配置和费用结构也会有所差异，因此清单计价能够根据项目的具体需求进

① 杨晓红．建筑工程经济在工程项目管理中的应用分析［J］．城市建设理论研究（电子版），2023（8）：16—18.

行灵活应用。在不同的项目中，清单计价的应用范围会有所不同，住宅类项目通常侧重于对材料成本和人工费用的精细控制，而大型基础设施项目则更加注重设备使用和施工技术的费用评估。清单计价的适应性则要求其能够应对施工过程中出现的设计变更、市场价格波动等不确定因素，通过合理的费用调整和资源重新配置，确保项目的整体造价控制在合理范围内。适应性还体现在对市场价格变化的及时响应，清单计价能够根据材料价格和人工成本的市场波动进行动态调整，确保工程造价的实际情况与市场趋势保持一致，避免因市场变化导致项目资金超支或资源短缺。清单计价的灵活性和适应性要求项目管理者具备较高的专业判断能力，能够根据项目的具体需求和市场变化情况及时调整计价策略，确保项目的资金使用效率得到最大化发挥，并减少施工过程中的资源浪费和成本风险。

（三）清单计价的可预见性与风险控制

清单计价的可预见性是其在项目造价管理中的另一大优势，通过对施工过程中各项资源使用的详细记录和成本预测，清单计价能够为项目管理者提供准确的成本控制数据，并对出现的资金超支或资源浪费风险进行提前预警和防范。在项目初期，清单计价的编制人员通常会对施工中的各项费用进行详尽的预估，包括材料的使用量、人工的工作量以及设备的使用频率等，通过这些数据的预估，项目管理者能够对项目的整体资金需求有一个清晰的把握，从而为后续的造价控制和资金管理提供参考。清单计价的可预见性不仅有助于项目的资金控制，还能够帮助施工单位提前做好各类资源的配置和储备工作，确保项目在实施过程中不会因为资源短缺或资金不足而导致施工进度的延误或质量的下降。清单计价的风险控制能力则体现在其能够根据施工现场的实际情况，对出现的突发事件或设计变更进行及时调整，通过对费用的重新核算和资源的重新分配，确保项目的整体造价始终保持在合理的控制范围内，并能够有效规避各类风险的发生。

第五章 建筑工程项目合同与风险管理

第一节 建设工程合同

一、建设工程合同的法律基础

建设工程合同是建筑工程项目实施的核心法律文件，是项目参与各方在施工过程中进行权利义务划分的基础，也是确保项目顺利进行、各方利益得到保障的重要依据。其法律基础奠定了项目各方行为的合规性和合法性，是建筑行业规范发展的重要保障。

（一）建设工程合同的构成要素与特点

建设工程合同的构成要素包括合同主体、合同标的、合同价款、工期、质量要求、结算方式、风险分担等多个方面，每一项内容都直接影响到项目的实施效果和合同双方的利益分配。在签订合项目各方需对合同条款进行详细确认，确保每一项条款能够真实反映项目的实际情况，并能够在合同履行过程中得到有效执行。合同主体通常包括发包方和承包方，合同条款中需明确双方的权利义务，确保合同履行过程中的行为合规，合同标的则指代具体的工程项目，需在合同中详细描述项目的性质、规模、范围等内容。建设工程合同的价格条款是合同中的核心要素之一，合同价款需根据项目的具体情况进行合理确定，并应在合同中明确价格调整的机制，以应对施工过程中出现的价格波动情况。工期条款则要求合同双方明确项目的开工时间、完工时间及工期延误的处理方式，确保项目能够按时完成。质量要求条款则规定了项目建设过程中必须遵守的技术标准和质量要求，确保项目能够满足合同中的质量规定，合同中的结算方式和风险分担条款需明确项目各方的支付责任和风险承担方式，确保项目实施过程中各方的资金流转和风险控制能够顺利进行。

（二）建设工程合同的签订程序与注意事项

在建设工程项目中，合同的签订程序通常包括合同草拟、合同评审、合同谈判和合同签署等多个环节，每一个环节的细节处理都直接影响到合同的顺利履行。在合同草拟阶段，项目各方需根据项目的实际情况和法律法规的要求，对合同条款进行详细设计，确保每一项条款的内容能够符合项目的实际需求并具备合法性。合同评审是合同签订程序中的关键环节，项目各方需组织专业人员对合同条款进行全面审查，确保合同中的每一项内容都能够符合法律要求，并能够真实反映项目实施中的实际情况。合同谈判是合同签订过程中不可或缺的一步，项目各方需在谈判过程中对合同条款进行详细磋商，确保双方能够在价格、工期、质量等核心问题上达成一致意见，并能够在合同中对相关条款进行明确规定。合同签署则是合同生效的法律依据，在合同签署之前，项目各方需对合同的内容进行最终确认，确保合同条款的完整性和合法性，合同签署后，项目各方的权利义务即告生效，双方需按照合同的约定履行各自的责任与义务。在合同签订过程中，还需注意一些重要的法律问题，尤其是在涉及价格调整、工期延误和质量验收等方面，合同条款需具备足够的灵活性和可操作性，以确保合同在实际执行过程中能够应对各种复杂情况。

（三）建设工程合同的履行与变更

在建设工程项目的实施过程中，合同的履行是确保项目顺利推进的核心环节，合同双方需严格按照合同的约定履行各自的责任与义务，确保项目的工期、质量、造价等各项要求能够得到有效落实。合同履行过程中，项目管理人员需对施工现场的实际情况进行实时跟踪与监督，确保施工进度和质量能够符合合同中的要求，并及时发现并处理出现的合同履行问题。在合同履行过程中，项目双方还需保持密切的沟通与协作，确保施工过程中出现的问题能够及时得到解决，并能够根据合同中的规定对问题进行处理。在项目实施过程中，由于设计变更、市场价格波动、施工条件变化等原因，合同履行过程中会出现一些不可预见的情况，导致合同内容需要进行调整或变更。合同变更通常包括价格调整、工期延误、质量标准变化等多个方面，项目管理人员需根据实际情况对合同中的相关条款进行合理调整，确保合同内容能够符合项目实施的实际需求。在合同变更时，项目各方需对变更内容进行详细确认，并按照法律程序对合同进行重新签署，确保变更后的合同内容能够具备法律效力，并能够在后续的项目实施中得到有效执行。

二、建设工程合同的种类与内容

建设工程合同根据项目特点和合同双方的需求，可以分为多种类型，每一种类型的合同在项目管理中都扮演着不同的角色，并对项目实施过程中的造价、工期、质量等关键要素产生直接影响。合同内容的详细性和规范性是确保合同顺利履行的核心保障。

（一）总承包合同的特点与作用

总承包合同是建设工程中较为常见的一类合同，其主要特点在于承包方负责整个工程项目的施工、管理以及资源配置等全部任务，项目发包方则仅需与总承包方进行沟通与协调。总承包合同的签订有效简化了项目的管理流程，因为总承包方作为项目的主要执行者，需对整个施工过程中的所有环节进行协调和控制，包括设计方案的实施、人员的组织与管理、设备的调配与使用、材料的采购以及施工进度的安排等，这种类型的合同对于大型复杂工程尤其适用，因为总承包方具备充足的资源与管理经验，能够在确保项目顺利进行的对工程造价和工期进行合理控制。项目的总承包方通常拥有强大的技术力量和丰富的管理经验，能够根据合同条款的要求高效组织施工资源，并根据项目的具体需求对各类资源进行合理调配。总承包合同的作用还体现在其能够提高项目管理的效率和执行力，因为发包方无需参与具体的施工过程，所有的施工管理任务由总承包方统一负责，这种工作模式不仅减少了发包方的管理负担，还能在一定程度上确保项目的实施效果。

（二）分包合同的应用与管理

在建设工程项目中，分包合同通常在大型项目或技术要求较高的工程中广泛应用，项目的总承包方会根据项目需求将部分专业性较强或规模较小的工作交由具备专业资质的分包单位完成。分包合同的应用能够显著提高工程施工的专业性和效率，因为专业分包商通常在某些特定领域具备更强的技术能力和执行力，能够确保项目中专业性较强的施工任务能够按时、保质保量地完成。分包合同的管理是总承包合同的一部分，分包商需按照分包合同中的条款对施工任务进行执行，并需接受总承包方的监督与管理，确保分包任务能够与项目整体进度保持一致。分包合同的核心在于对任务的明确划分和对分包商的严格资质审查，总承包方需确保分包单位具备执行任务所需的资质、经验和资源，并在合同中对分包任务的范围、工期、质量标准以及违约责任进行详细规定。分包合同的使用还需特别注意与总承包合同的衔接与一致性，确保分包任务与总承包任务在内容、标准和执行时间上保持协调与统一，从而避免因合同内容冲突或进度不一致导致的施工延误或质量问题。分包合同的存在有效减轻了总承包方的管理压力，并在项目的具体实施过程中提高了工作效率，尤其在涉及到复杂工艺或特殊技术的项目中，分包商的专业能力能够为项目质量和进度提供重要保障。

（三）设计施工一体化合同的优势与挑战

设计施工一体化合同是近年来建筑行业中逐渐普及的一种合同模式，其特点在于承包方不仅负责项目的施工工作，还需负责项目的设计任务，发包方通过与一个承包方签订统一的合同，完成从设计到施工的全过程管理。设计施工一体化合同的优势体现在其能够显著缩短项目周期，因为设计与施工可以同步进行，减少了传统模式下设计完成后再进行施工的等待时间，承包方作为设计和施工的统一执行者，能够在设计阶段就对施工的实际需求进行全面考虑，减少因设计与施工脱节导致的施工问题，提升工程质量和施工效率，通过这一合同模式，承包方能够在设计阶段对资源的使用情况进行更精准的规划，从而有效控制造价并减少浪费。在面临复杂的设计要求时，承包方可以根据现场的实际情况灵活调整设计方案，确保设计与施工的高度协调。设计施工一体化合同的应用也面临一定的挑战，尤其在发包方缺乏对施工全过程的把控能力时，承包方会在设计阶段为自身的施工方便而做出不利于项目整体效益的决策。设计施工一体化合同对承包方的技术能力与管理水平提出了更高的要求，发包方在选择承包单位时需对其设计与施工能力进行严格审查，确保承包方具备独立完成项目全过程的能力，并能够在合同履行过程中保持高度的专业性与责任感。

三、合同订立与履行的基本要求

在建筑工程项目中，合同的订立与履行不仅仅是一项法律行为，更是保障项目顺利实施的基础。合同条款的清晰、具体以及对项目各方的明确约束力是确保合同在项目中有效执行的关键因素。正确的合同订立程序和严格的履行机制是避免争议和风险的核心保障。

（一）合同条款的明确性与法律效力

在建筑工程合同的订立过程中，合同条款的明确性是确保合同双方在合同履行中不会出现分歧的关键，每一项条款的表述都必须具有法律效力，且语言精确、条理清晰，以避免出现模糊不清或多重解释的情况。合同中所涉及的各类项目要求，包括工程范围、技术标准、质量要求、工期安排、造价管理等，都必须在条款中有明确的规定，并确保这些条款具备可操作性和可执行性。合同条款不仅要对项目的基本内容进行描述，还需对出现的变更、争议、违约等情况进行预先约定，确保在项目实施过程中，合同双方能够根据合同条款的规定对各类突发情况作出及时反应。法律效力是合同履行的基础，合同中的每一项条款都必须符合国家和地方的法律法规，确保合同在法律框架内进行约束和执行，尤其是在涉及价格调整、工期延误、质量标准变化等关键问题时，合同条款必须具备足够的法律效力，确保项目各方在履行过程中能够依照合同条款解决出现的问题。

（二）合同订立过程中的协商与公平原则

在合同的订立过程中，双方应遵循协商一致的原则，确保每一项条款都能够在合同双方的共同认可下达成共识，合同订立并不仅仅是合同条款的罗列，而是一个双方通过深入沟通、讨论、磋商，最终达成一致的过程。协商过程中合同双方需就工程范围、造价、工期、质量等关键内容进行充分讨论，确保每一项条款都能够符合双方的利益需求，并具备可操作性。合同订立过程中还需遵循公平原则，确保合同条款对双方的权利和义务进行合理分配，避免出现不公平或不对等的条款设计，导致合同履行中的利益失衡。公平原则的实施不仅体现在合同价格的合理性上，还应包括工期安排的可行性、质量要求的合理性、变更处理的灵活性等多个方面。合同条款的设计应确保双方在履行合能够基于公平的基础上共同承担责任与义务，并通过合理的风险分担机制保障项目的顺利进行，公平原则还需体现于合同订立中的利益保护，合同双方应对彼此的合法权益进行保护，确保在合同履行过程中不会因为合同条款的不公平设计导致一方的权益受到损害。

（三）合同履行中的监督与协调

合同履行是确保工程项目按计划顺利推进的重要环节，合同双方必须在履行过程中严格按照合同条款的规定执行各项任务，并对履行过程中出现的问题进行实时监督与协调。合同的履行不仅要求施工方按照合同中的工期、质量标准完成施工任务，还要求发包方在项目管理、资金支付、现场协调等方面履行其相应的责任与义务。合同履行过程中，监督机制是确保合同条款得到有效执行的重要保障，项目管理人员需对施工现场的实际进展进行实时监控，确保施工进度、质量和安全符合合同中的要求。监督机制不仅限于发包方对施工方的监督，还包括各方对项目资源配置、资金流转、人员管理等方面的监督，确保项目的每一项资源都能够按照合同的规定合理使用。合同履行中的协调机制则体现在对项目执行中出现的问题进行及时处理，合同双方应保持良好的沟通与协作，在出现问题时能够及时进行协调与解决，确保项目进展不会受到影响。合同履行中的监督与协调机制要求项目管理人员具备高度的责任心和协调能力，能够根据合同条款的规定对项目的实际情况进行调整与优化，并确保项目在合同范围内顺利进行。

第二节　合同条件

一、合同条件基本概述

合同条件是合同中的重要组成部分，规定了合同履行过程中的各类具体要求和约定，这些条件为合同双方的权利义务、风险分担、工期管理、质量标准等方面提供了明确的约束与规范，从而确保合同在实际履行过程中能够顺利实施。合同条件的清晰性和合理性直接影响到合同的执行效果与各方的利益保障。

（一）合同条件中的工期规定与时间管理

在建筑工程合同中，工期条件是合同双方最为关注的要素之一，直接决定了项目能否按期完成并满足预期的交付时间，合同中的工期规定需明确开工和竣工的时间节点，并对出现的工期延误、工期调整和补偿措施进行详细的约定，确保项目在合同约定的时间范围内有序推进。工期条件不仅应包括对施工过程中的时间节点要求，还需涵盖项目各阶段的时间管理要求，确保各项施工任务能够按照合理的进度计划顺利完成。在涉及到出现的工期延误问题时，合同中需明确规定责任方的补偿措施和工期调整的具体流程，确保在出现延误时，合同双方能够按照合同中的规定进行处理，避免因工期问题引发的纠纷与争议。合同条件中的工期规定还需与项目实际情况紧密结合，确保工期安排具备合理性和可操作性，避免因工期过短或过长影响项目实施的效率与质量，合理的工期条件不仅有助于项目按时完成，还能为合同双方提供充足的时间缓冲，确保在应对不可预见的突发情况时，项目工期不会受到严重影响。

（二）合同条件中的质量标准与技术要求

合同条件中的质量标准与技术要求是确保项目按设计方案进行施工的重要内容，对于建筑工程的施工质量和整体效果具有决定性影响，合同中的质量标准需明确规定每一项工程的技术标准、施工规范以及质量验收的具体要求，确保施工方在实际操作中能够按照合同中的标准进行施工。质量标准不仅涉及到建筑材料的选用和技术工艺的实施，还涵盖了施工中的安全管理和环保措施，确保项目在施工过程中能够符合国家和地方的相关规定与标准。技术要求则针对项目的特殊需求进行详细说明，合同中需明确规定施工过程中的各项技术要求和操作规范，确保施工方能够按照合同中的技术标准进行施工，避免因技术不达标导致的工程质量问题。在涉及到质量验收的合同条件中，合同双方需对质量验收的程序和标准进行详细规定，确保在项目完工时，双方能够按照合同中的质量标准对项目进行验收和评估。合同条件中的质量标准和技术要求还需与项目实际需求紧密结合，确保在施工过程中，施工方能够根据合同中的要求对各类技术问题进行合理处理，并在项目实施中严格执行合同中的质量标准，避免因质量问题引发的经济损失和法律责任。

（三）合同条件中的价款支付与费用管理

价款支付是建筑工程合同中的核心要素之一，合同条件中需对项目的付款方式、付款时间以及付款条件进行明确规定，确保合同双方在项目实施过程中能够按照合同中的约定进行资金支付与管理。付款方式的设计需根据项目的实际情况进行灵活调整，常见的付款方式包括分期付款、阶段性支付以及完工后一次性支付等，合同中需明确规定每一项付款的具体条件和金额，确保资金流动能够与项目进度保持一致。付款时间是合同中另一重要的约定内容，合同中需对每一次付款的具体时间节点进行详细说明，确保在项目各个阶段资金能够及时到位，避免因资金不到位影响施工进度或造成资金压力。合同条件中的付款条件则需结合项目的实际需求进行设计，合同双方应对付款条件进行详细的磋商与确认，确保每一项付款都能够与项目的完成情况相对应。合同条件中的价款支付还需涵盖对出现的资金变更和费用调整问题的处理方式，合同中应明确规定在出现资金问题时的补偿措施和调整流程，确保合同双方在项目实施过程中能够根据合同中的条款合理处理资金问题，避免因费用纠纷引发的法律争议。

二、合同条款与其法律效力

合同条款作为合同的核心组成部分，直接关系到合同的合法性和可执行性，每一项条款的设定都必须符合法律要求，并在实践中具备可操作性，以确保在合同履行过程中能够有效维护双方的合法权益。合同条款不仅是双方权利义务的约定，更是合同生效的法律依据。

（一）合同条款的明确性与完整性

在合同条款的设计中，明确性与完整性是最为重要的要求之一，任何模糊不清或含糊其辞的条款都会导致履行中的理解偏差，进而引发不必要的争议。合同条款的明确性体现在每一项规定的细致、具体，以及不允许出现多重解释的表述方式。尤其是在涉及到工程范围、工期要求、付款方式、质量标准等关键条款时，必须通过具体的语言进行细化，以确保施工过程中不会出现责任不清或标准不一致的情况。完整性则意味着合同条款必须涵盖合同履行过程中涉及的所有环节，包括工程实施的各个阶段、各类费用的支付方式、出现的变更情况以及双方的权利义务分担等[①]。在合同履行过程中，每一个条款都应当是具有法律效力的约束条件，确保合同双方能够严格按照合同中的规定进行操作，避免任何一方的权利或利益受到侵害。为了确保合同条款的明确性与完整性，在合同签订前，双方应对合同条款进行详细的磋商与确认，并在条款中预留充分的应对空间，以确保在合同履行过程中即使遇到特殊情况，合同中的条款仍能发挥应有的作用。

（二）合同条款的可操作性与执行保障

合同条款的可操作性是确保合同能够在实际履行过程中顺利执行的重要因素，在建筑工程项目中，合同条款不仅是双方权利义务的书面约定，更是项目管理、质量控制、资金管理等各个环节的具体执行标准。可操作性强的合同条款应当具备清晰的执行流程，确保项目在每一个阶段的实施都能够依据合同中的条款进行操作，而不会因条款设计的繁琐或不合理导

① 于涛，郎继鹏. 建筑工程管理与绿色建筑工程管理研究［J］. 电脑校园，2023：8879－8880.

致履行中的困难。在合同条款中，对施工过程中的每一项关键要素都应有具体的操作说明，包括如何进行工程进度的控制、如何验收项目质量、如何进行费用结算等，所有条款的设计都应考虑到实际操作中的可行性和便捷性，合同条款的执行保障也至关重要，为了确保合同能够得到有效执行，合同中必须对执行过程中出现的争议和问题进行预先安排，并在条款中明确规定如何解决这些问题。执行保障措施通常包括争议解决条款、违约责任条款、补偿机制等，这些条款不仅确保了合同的顺利执行，还能够在合同履行中出现问题时，迅速找到解决方案，避免因执行不力导致的工程延误或经济损失。

（三）合同条款的法律约束力与违约责任

在合同中法律约束力是每一项条款必须具备的核心特质，无论是涉及工程的技术标准、工期要求，还是价款支付、风险分担，每一项条款都应当具有明确的法律效力，确保双方在履行合同时能够以法律为依据进行操作。合同条款的法律约束力不仅体现在条款的签署效力上，还体现在合同履行过程中对双方行为的规范与约束，为了确保合同的合法性与可执行性，合同条款的设计必须严格遵循国家和地方的法律法规，尤其是在涉及工程质量、安全标准、环保要求等领域时，合同条款必须符合相关的法律规定，确保在项目实施中不会因条款设计不当而导致法律风险。在合同条款中违约责任是确保合同约束力的关键内容，每一项违约行为都应在条款中进行详细说明，并明确违约方需承担的责任与赔偿标准。违约责任条款不仅是对双方行为的约束，也是保障合同履行的强制措施。在实际操作中，合同双方应根据合同中的违约条款进行严格执行，确保违约行为能够得到及时纠正，违约方承担相应的法律责任，并通过赔偿或其他方式对非违约方造成的损失进行合理补偿。

三、合同中的变更与调整

合同中的变更与调整是合同管理中的一个重要环节，特别是在建筑工程项目中，项目实施过程中难免会遇到一些不可预见的情况，导致原有的合同条款无法完全满足实际需求，为确保项目的顺利推进，合同的变更与调整成为了一种必然手段，其合理性和合法性决定了合同履行的成功与否。

（一）合同变更的类型与原因

合同变更通常表现为合同条款中的某些内容在项目执行过程中需要进行修改、更新或补充，变更的类型包括工程范围、工期、质量要求、费用条款等多个方面。工程范围的变更是最常见的一种情况，通常由于设计方案的调整或现场施工条件的变化，导致原定的施工范围、工程内容需要扩大或缩减，这时合同中的相应条款便需进行修改，工期的变更也较为常见，尤其是在大型工程项目中，施工过程中的技术难点、天气条件、材料供应等因素导致工期延误或提前，因而需要对合同中的工期条款进行重新规划。质量要求的变更则主要体现在对施工技术或材料标准的调整上，由于市场条件、技术进步或政策变化的影响，项目中对质量标准的要求会有所变化，这时合同条款中的质量标准必须进行相应的修改，以确保项目的整体质量能够满足新的要求。费用条款的变更则涉及项目的资金问题，通常是由于市场价格波动、资源成本增加或减少导致的工程造价变化，合同中的付款条款、预算标准等都需进行适当调整，以确保项目资金流动的合理性与充足性。

（二）合同调整的程序与原则

合同调整的程序应当遵循规范的流程，确保变更或调整后的合同条款具备法律效力，并且能够得到双方的认可与执行，合同调整通常需要经过变更申请、协商确认、法律审核以及条款修订等多个环节，任何一方在发现合同条款与实际情况不符时，应当提出变更申请，详细说明变更的原因、范围以及对项目的影响。在接收到变更申请后，合同双方应进行充分的协商与讨论，确保变更内容合理、可行，并且不会对项目的整体进展产生不利影响。在协商过程中，双方需对变更带来的风险、费用增加或减少以及责任划分等问题进行详细讨论，并达成一致意见。协商完成后，变更内容应提交给法律顾问或相关法律机构进行审核，确保变更后的条款能够符合法律法规的要求，具备法律效力。经过审核的变更内容将被正式写入合同中，并以补充协议或修订版的形式发布，确保合同双方能够根据新的条款进行操作。合同调整的原则应当以公平、合法、合理为核心，确保变更过程中的利益分配符合双方的利益诉求，并且在风险分担上保持均衡，避免出现一方在调整过程中承担过多的责任或风险。

（三）合同变更对项目进度与费用的影响

合同变更在实际执行过程中，往往会对项目的整体进度和费用产生直接的影响，无论是工程范围的调整还是工期的变更，都会在一定程度上改变项目的实施计划，从而影响到原定的项目进度。特别是在施工阶段，工程范围的扩大或缩减会直接影响施工的工序安排、人员调度、设备投入等多个环节，这种变化需要施工方对原有的施工计划进行重新规划，以确保新的工期要求能够得到满足。在某些情况下，变更导致项目的工期延长，给发包方带来工期延误的风险，这时合同双方需通过进一步的协调与沟通，对工期延误所带来的责任进行合理分配，确保项目不会因此而陷入停滞。费用方面的影响则更为明显，工程范围的扩大通常意味着项目成本的增加，而范围的缩减会减少部分费用，但也导致其他方面的支出增加。合同中的费用条款应根据变更情况进行相应的调整，确保发包方与承包方能够对新的费用标准达成共识，避免因费用问题导致的纠纷，对于变更引发的费用变化，合同双方应按照变更申请中的约定进行处理，确保项目资金流动的合理性与连续性。

四、合同条件的争议解决

合同条件的争议解决在建筑工程项目管理中具有重要地位，不仅关系到项目的顺利推进，还影响着各方利益的平衡和维护，争议的发生通常源于合同条款的理解偏差、履约过程中各方对权责的认知分歧，以及不可预见因素的影响。为了有效避免争议升级，建筑项目的合同管理需要严谨的条款设定、科学的合同履行机制，以及对争议解决途径的完善设计，以确保在项目过程中各方能够依合同顺利解决争议，实现项目的最终目标。

（一）合同争议的常见类型与特征

建筑工程项目管理中，合同争议的类型多样，涉及的范围广泛。施工过程中，常见的合同争议包括但不限于合同解释上的分歧、工程变更引发的费用调整纠纷、工期延误产生的违约赔偿问题、以及质量责任的界定模糊等，由于建筑工程项目具有高度的复杂性和不可预测性，合同履行过程中往往会出现各种突发情况，这些突发情况导致合同条款难以全面涵盖项目的实际需要，从而引发各方的争议。尤其是在施工阶段，项目进度受到外界不可控因素影响时，合同各方会对责任的归属产生不同看法。合同条款中的模糊或不明确内容也常常是争议产生的重要原因之一，在施工过程中，对于工期的安排、材料的质量标准、以及支付款项的时间节点等方面的理解不一致，很容易导致双方产生冲突，工程项目中的工程变更也是合同争议的一个重要来源，由于项目的规模庞大且工期较长，项目各方在施工过程中会根据实际情况进行调整，这种调整往往涉及到工程的造价增加或减少，而在此过程中，如果各方对工程变更的具体内容、费用计算方法、审批流程等未能达成一致意见，则容易引发费用支付纠纷，建筑合同中的工程变更条款设置、费用计算方法明确性直接影响合同争议的发生频率和处理难度。特别是在涉及到合同的终止和解除时，合同双方对合同条款的不同理解，尤其是对解除条件、违约责任等方面的认知差异，往往也是引发争议的核心问题。可以看出，合同争议的类型虽然多样，但其根本原因大多源于合同条款的细节不够完善或履行过程中各方理解不一致，这就要求在合同签订和履行过程中，尽减少模糊条款，确保条款清晰明确，以减少后期争议的发生。

（二）合同争议解决的原则与方法

在建筑项目的合同争议解决中，合同的各方利益往往需要通过协商、谈判等方式加以调和，法律和合同中的约定条款也将成为解决争议的基础，在争议解决的过程中，最为重要的原则是合同条款的严格遵循和公平性。合同条款作为项目各方达成一致的基础，必须具有法律效力和约束力，因此在合同履行过程中，任何一方都不能单方面改变合同条款的核心内容，争议解决还必须遵循公平和公正的原则，各方在解决争议时应当确保在符合合同和法律规定的前提下，合理维护各自的合法权益。为确保争议解决的顺利进行，合同中通常会提前设定争议解决的方式和程序，通过谈判、调解、仲裁或诉讼等手段加以解决，调解作为一种较为柔性的解决方式，通常在争议初期阶段应用较多，合同双方可以通过第三方调解机构或指定的专家进行调解，力图在非正式程序下达成和解，以减少不必要的法律程序和成本。仲裁作为建筑工程合同争议中较为常用的方式，因其具有程序简便、裁决效率高、裁决结果具有法律效力等优点，受到合同双方的青睐，尤其是在国际工程项目中，仲裁常常被作为争议解决的首选方式，合同双方可以依据合同中的仲裁条款，将争议提交给指定的仲裁机构，由仲裁员根据合同条款和相关法律做出裁决。需要指出的是仲裁的裁决具有终局性，合同双方在仲裁裁决后不得再通过其他途径对裁决结果进行推翻或更改，因此在选择仲裁作为争议解决方式时，双方应当慎重考虑，诉讼作为最后的争议解决手段，通常在合同各方无法通过协商、调解或仲裁达成一致时选择使用。虽然诉讼具有权威性和强制执行力，但其复杂的程序和高昂的成本，常常使得建筑工程项目中的各方不愿轻易选择诉讼方式解决争议，建筑合同中的争议解决机制应当在充分考虑各方利益的基础上，设定符合项目实际需求的争议解决方式，确保争议能够得到高效、合理的处理。

（三）合同争议解决机制的优化策略

在实际的建筑工程项目管理中，争议的发生在所难免，但通过优化合同争议解决机制，可以有效减少争议的发生频率和处理难度，合同条款的明确性和可操作性是避免争议的关键，合同中的每一项条款都应当经过详细推敲，确保其内容明确、具体、符合实际操作要求。尤其是在涉及工程变更、费用调整、工期延误等敏感问题时，条款中的描述必须避免出现模糊不清的措辞，以防在履约过程中因理解差异引发争议，合同履行过程中加强各方的沟通与协调，也是有效减少争议的手段之一。建筑工程项目通常涉及多个利益相关方，项目的实施过程中，如果各方能够通过定期沟通机制，及时解决施工过程中出现的问题，就可以在问题升级为争议之前将其化解，项目管理团队应当建立有效的沟通渠道，确保施工单位、监理单位、业主单位等各方能够在第一时间内获得准确信息，并及时就潜在问题进行协商，在合同履行过程中，引入第三方监督机制也可以有效降低争议的发生概率，通过聘请独立的专业第三方对项目的实施过程进行监督，可以确保项目的施工质量、进度和费用控制符合合同规定，避免因各方信息不对称或误解引发的争议。在建筑工程项目的争议解决过程中，合理的第三方监督不仅可以提高合同履行的透明度，还能够为争议解决提供客观、专业的参考依据，进而提升争议解决的公正性和效率。合同争议解决机制的完善还需依赖法律和政策的支持，随着建筑行业的发展，国家和地方政府应当不断完善相关法律法规，为建筑合同的争议解决提供更为完备的法律保障。在此基础上，建筑企业和项目各方可以更为有效地利用法律工具，提升争议解决的合理性和合法性，确保合同争议能够得到及时、有效的处理。

第三节　施工索赔管理

一、施工索赔的基本概念与类型

施工索赔是建筑工程中涉及的复杂合同管理活动，指在施工过程中因合同变更、不可预见的风险或责任分配不当等因素造成的合同双方权利义务调整，进而引发的索赔行为。索赔内容主要包括工期、费用、质量等，具有广泛性和复杂性。

（一）索赔原因的复杂性

在建筑工程项目的施工过程中，索赔问题的产生常常与多方面的因素交织在一起，不仅涉及到技术层面的因素，也包括管理和法律的内容，工期延误是施工索赔的一个常见原因之一，施工方由于设计变更或图纸错误等问题，往往会要求调整原定施工计划，导致施工周期的延长，而业主是否能够同意延期，则需要依据合同中的规定进行讨论和协商，如何在既定合同框架下处理这些争议成为一项关键任务。合同变更也是施工索赔产生的常见因素之一，许多工程项目在实施过程中，不可避免地会面临设计方案调整、施工条件变化等情况，这些合同变更对施工方的工期和成本控制产生较大影响，使得施工方要求进行额外费用补偿的需求显著增加。除了这些内部因素外，外部环境的变化也是不可忽视的施工索赔诱因，因自然灾害、政府政策变化等不可抗力导致的工期延误和费用增加，往往需要施工方进行索赔，以弥补因这些不可控因素带来的经济损失。自然灾害的影响不只是短期的，如洪水、地震等极端天气导致施工场地无法正常运转，施工材料受损，设备无法按时运达等情况，进而引发大规模的延误和成本上升。施工人员的不足或供应链问题同样是引发索赔的重要因素，市场供需不平衡时，材料价格的波动或者工人不足，都增加工程成本，导致索赔的出现。劳动力市场的变化直接影响到施工进度的安排和资源的分配，特别是在经济波动较大的情况下，人工成本的变化往往会超出初期预算，使得项目无法按照原定成本进行运作，施工索赔的产生有着广泛而复杂的背景，需要管理人员具备多方面的知识和能力，才能有效处理和解决这些问题。

（二）索赔处理的法律依据

在处理施工索赔的过程中，法律依据是施工方和业主双方讨论并解决问题的重要基石，合同条款的约定往往是处理施工索赔的首要法律依据，施工合同中规定了各方的责任、义务和权利，明确了在发生不可抗力、设计变更或其他特殊情况时的应对措施，在发生索赔时，合同中的相关条款将成为双方评估是否需要进行补偿的重要依据。施工合同中往往无法涵盖所有发生的情况，很多具体的问题还需要依靠其他法律法规来加以明确和解决，建筑法、合同法、工程造价管理条例等法规对施工索赔的合理性和合法性进行了详细的规定，特别是关于工期延误、费用增加等方面的处理措施，在这些法律中均有相关条款加以约束。

在实际操作中，施工方和业主双方会出现对合同条款理解不同的情况，特别是在责任划分、费用承担等问题上容易产生争议，这时法律的介入便显得尤为重要。仲裁、诉讼等手段在施工索赔处理过程中起到了至关重要的作用，仲裁条款通常出现在施工合同中，当双方无法通过协商解决争议时，仲裁机构便成为了一个相对中立的第三方，帮助双方达成协议，根据相关法规，建筑工程项目中若涉及较大金额或复杂的技术问题时，施工方可通过仲裁机构寻求公平解决方案，避免矛盾升级或延误工期。工程保险制度在施工索赔中的应用也不可忽视，某些工程项目面临较高的风险，如高空作业、大型设备运输等，此类项目通常要求施工方和业主购买工程保险，工程保险制度作为风险控制的一部分，可以在出现意外事故时，弥补由于不可抗力等原因带来的损失，进而减少双方的索赔压力。值得注意的是，工程保险的范围及赔付标准需要在项目初期就明确约定，避免在实际索赔过程中出现争议。

（三）索赔管理的关键步骤

在建筑工程施工索赔的管理过程中，遵循规范化的步骤和流程是确保索赔问题得以合理、有效解决的关键，索赔事件的识别和记录是施工索赔管理的基础，施工方在发现影响工期、费用的潜在因素时，应立即进行记录，并保存相关的证据材料，这包括施工日志、照片、设备记录、材料发票等，详细的记录不仅有助于明确问题的责任归属，还为后续的索赔提供了有力支持，这一阶段的及时性和准确性尤为重要，遗漏或者延迟提交相关索赔证据，导致后续的索赔难以得到支持，从而对施工方的利益产生影响。索赔通知的及时递交也是索赔管理的核心环节之一，施工方应根据合同的规定，在合理的时间内向业主递交索赔通知，详细说明索赔的原因、依据以及相关的经济损失情况。索赔通知的撰写需要严谨，避免模棱两可的措辞，同时应附上充分的证据材料，以确保业主能够清晰理解索赔的合理性。递交索赔通知的时效性是确保索赔成功的重要因素，若施工方未能在规定期限内递交，业主有以时间问题为由，拒绝索赔请求。

索赔金额的计算和分析是管理过程中的技术性步骤，施工方需根据实际的工期延误、材料损耗以及人工费用的增加，精确计算索赔金额，并将此计算过程透明化、数据化，确保业主能够理解索赔金额的合理性。尤其是在复杂的工程项目中，涉及到多个施工环节的费用变化时，准确的成本分析显得尤为重要。此步骤不仅需要施工方的管理团队具备较强的财务计算能力，还需与第三方咨询机构或工程造价师合作，确保索赔的计算符合行业标准和法律规定。索赔的谈判和调解是索赔管理中不可或缺的环节，施工方在递交索赔申请后，需与业主进行充分的沟通和协商，双方基于合同条款和实际情况，共同寻求一个合适的解决方案。对于索赔金额、工期延误的责任划分等问题，施工方应当通过合理的沟通技巧，以数据、证据为基础，力求与业主达成一致意见，避免因误解或信息不对称导致的矛盾升级。在调解过程中，施工方可以引入中立的第三方调解员，以确保谈判的公正性和有效性。

二、施工索赔的提出与处理程序

施工索赔的提出与处理程序是建筑工程管理中的关键环节，涉及合同条款、法律法规及相关证据的全面分析与使用。索赔程序必须遵循特定的流程，包括索赔事件识别、索赔申请的提出、审查、协商和处理等多个步骤，保证索赔的合理性和合法性。

（一）索赔事件的识别与分类

在施工过程中，工程项目往往会面临各种复杂的因素，导致无法按照原定计划完成，索赔事件的识别显得尤为重要，只有清晰地确定哪些情况构成了索赔的理由，才能为后续的索赔申请奠定基础。施工方需要结合工程合同中规定的条款，仔细审视是否存在影响工期、成本、质量的因素，若遇到设计变更、业主要求的额外工作、不可抗力等情况，施工方需考虑是否符合索赔的标准。不同的索赔事件具有不同的性质，有的属于合同规定的正常调整，有的则涉及到更为复杂的法律和技术问题，这种复杂性要求管理者具备对法律、合同条款的精准理解以及对现场情况的充分把握。

施工过程中经常会遇到与业主协商不一致的情况，尤其是在工期调整和费用增加方面，索赔事件的发生往往伴随着责任划分不明的争议。施工方需要对合同中责任划分的条款进行深入解读，确保在索赔事件识别阶段，将相关责任明确。若索赔事件涉及到不可抗力等外部因素，如极端天气、自然灾害等，则索赔的提出需要与合同中相关条款及法律法规保持一致，以确保合理性。施工方在识别索赔事件时，往往需要进行充分的证据收集，包括施工记录、进度报告、材料清单等文件，以确保后续索赔申请的合法性和可信度。

索赔事件的分类也是施工索赔管理中的一个重要环节，不同类型的索赔需要采取不同的处理方式，工期延误类索赔通常需要通过对工程进度的调整来处理，而费用增加类索赔则需通过详细的财务计算和成本分析来证明合理性。施工方在进行索赔事件分类时，不仅需要明确每一类索赔事件的具体影响，还需考虑如何将不同类别的索赔整合起来，确保索赔的综合性和全面性。分类不仅有助于索赔申请的精确提出，还能够在后续的谈判和处理过程中，提供清晰的依据。

（二）索赔申请的准备与提交

在索赔事件识别清楚之后，施工方应迅速进入索赔申请的准备和提交阶段。施工索赔申请的撰写和提交是整个索赔程序的核心环节，直接关系到索赔的成败。申请书中应详细列明索赔的理由、金额、工期调整要求，并附上相关的证据材料，索赔申请的撰写必须做到逻辑严密、证据确凿，避免模棱两可的表述，确保业主能够清晰理解施工方的索赔请求。索赔申请的准备工作需要进行严格的时间管理，在识别出索赔事件后，施工方需按照合同中规定的时间要求，及时向业主提交索赔申请，如果施工方未能在规定期限内递交索赔申请，业主有会以时效性为由拒绝受理，这会对施工方的合法权益产生不利影响。为了避免这种情况的发生，施工方在提交索赔申请时，需确保申请材料的完整性和准确性，特别是在证据的提供方面，施工日志、现场照片、相关合同文件等都是重要的证明材料。

在索赔申请的撰写过程中，金额的合理性也是施工方需要重点关注的内容，金额的计算必须基于准确的成本分析和财务核算，不能简单地进行估算或夸大。若索赔金额与实际损失不符，会导致索赔申请被业主驳回，施工方在准备索赔申请时，最好引入专业的工程造价师或财务顾问，以确保索赔金额的合理性和合法性，这样不仅能够增强索赔申请的说服力，也有助于后续与业主的谈判。索赔申请提交之后，施工方应与业主保持密切的沟通，跟踪申请的审查进度，并准备应对业主提出的质疑或反驳，施工方需保持良好的沟通技巧，耐心解释索赔的合理性和必要性，确保业主能够充分理解施工方的立场，若在沟通中遇到业主提出的异议，施工方应积极配合进行解释和补充证据，以增加索赔成功的性。

（三）索赔的审查与协商

施工索赔申请提交后，业主或其代表通常会对索赔申请进行严格的审查，索赔的合法性、合理性以及证据的充足性将直接影响业主对索赔请求的最终处理结果。业主会对施工方提供的所有文件进行详细的审核，包括合同条款、施工进度、材料费用等，特别是工期延误和费用增加的索赔，审查的重点在于这些内容是否与合同约定一致。在审查过程中，业主也会委托第三方机构，如造价咨询公司或法律顾问，对施工方的索赔申请进行独立评估，以确保审查结果的公正性和合理性。

在索赔审查阶段，施工方应保持与业主的沟通渠道畅通，并对业主提出的任何质疑或疑问进行及时回应。在大多数情况下，索赔审查的过程是一个反复沟通和修正的过程，施工方需要根据业主的反馈，不断补充或修正索赔申请中的部分内容，以增加索赔的成功率。施工方应做好充分的准备，确保所有索赔材料的准确性和完整性，避免因小的失误而影响索赔的成败，在审查过程中，施工方还需注意业主对索赔金额、工期调整的具体意见，提前做好谈判和协商的准备。审查过程结束后，业主通常会与施工方进行索赔的协商。协商的重点在于如何在不影响工程进度和成本控制的前提下，合理解决索赔问题。在协商过程中，施工方应以合同条款和证据为基础，向业主详细说明索赔的合理性和必要性，特别是对于费用增加和工期延误等问题，施工方需要通过数据和事实证明这些索赔是不可避免的。在协商中，双方需就索赔金额、工期调整等具体问题达成一致，以确保工程项目能够继续推进。

若协商过程中，施工方和业主难以达成一致，双方还可以引入第三方调解员，帮助解决争议。调解员通常是具备丰富经验的工程专家或法律顾问，能够为双方提供中立的意见，以确保索赔问题的公正解决。若调解仍无法达成一致，施工方和业主需要通过仲裁或诉讼的方式解决争议，施工方应确保所有的索赔材料和证据都能够支持其主张，以增加在仲裁或诉讼中的胜算。

三、施工索赔的证据收集与分析

在施工索赔管理中，证据收集与分析是决定索赔成功与否的关键环节，涉及工期延误、费用增加等多种内容，证据的完整性、准确性和合法性对于索赔的合理性具有重要作用，索赔双方在此过程中必须依据相关事实和合同条款作出充分证明。

（一）施工过程中的证据收集策略

施工项目具有复杂的过程和较长的周期，索赔证据的收集需要在每个环节进行细致而持续的记录，确保在索赔发生时能够提供确凿的证据支持。在施工过程中，证据收集的关键在于日常施工记录的完整性与准确性，包括施工日志、进度报告、质量检测报告等内容，施工方需在施工现场确保每一项活动都能有据可查，这些日常记录能够提供工期延误、材料变更、劳动力分配等方面的基础信息，从而为索赔申请提供有力支持。施工日志通常由项目经理或现场工程师负责记录，内容不仅要涵盖每日的施工进度，还需详细描述任何影响施工进程的外部因素，如天气条件、设备故障等。在收集证据时施工方应高度重视文件的时效性和完整性，每个环节的证据都需要及时归档并形成完整的链条，避免因资料不全或证据中断而影响索赔的成功率，合同条款中约定的工期延误补偿，需要通过详细的施工进度记录来证明施工方在特定条件下无法按时完成施工任务。除进度记录外质量检测报告同样是施工索赔中不可忽视的重要证据，尤其是在涉及材料或设备问题时，质量检测报告能够直观反映出施工质量是否符合合同标准及国家规范。

当索赔涉及到成本增加或资源浪费等情况时，费用相关的证据也是至关重要的一部分，施工方需保存所有材料采购单据、设备租赁合同、人工成本清单等与费用相关的文件，并在每个费用项目中标明详细的支出时间、用途及其对应的施工阶段，确保索赔过程中费用增加的合理性能够被准确计算和证明。证据的收集不仅仅依赖于纸质文件，现场照片、监控录像等数字化资料同样在索赔管理中扮演着越来越重要的角色，施工方可以利用现代技术手段对施工现场进行全程监控，确保每一个施工环节都有视频和图像证据支持。

（二）证据的分类与整理

在施工索赔管理中，收集到的证据类型多样且复杂，需要根据不同的索赔内容对证据进行分类与整理，科学合理的分类能够帮助施工方在索赔过程中有条不紊地呈现证据，增强索赔的说服力。工期延误、费用增加、质量问题等不同类型的索赔所需要的证据也存在显著差异，工期延误类索赔的证据主要包括施工日志、天气记录、项目进度表等，这些证据能够明确显示项目的进展状况以及导致工期延误的具体原因。为了确保工期类证据的完整性，施工方需在项目开始时制定详细的进度计划，并在施工过程中根据实际进展情况随时进行更新和记录，避免在索赔时无法提供足够的时间线说明。当索赔涉及到费用增加时，费用类证据的整理显得尤为重要，材料采购单据、人工成本清单、设备租赁合同等费用支出相关的证据不仅需要保存完好，还需按照合同中规定的成本计算方式进行分类，明确每项费用支出的具体依据和实际用途。费用类证据的整理通常需要与施工预算、结算表等财务文件配合使用，确保在索赔过程中能够清楚地展示出每项支出的必要性和合理性，对于工程中产生的额外费用，施工方应能够提供详细的成本变化说明，并附上相关证据材料，确保每一项费用都与实际发生的工作内容相符。质量问题类证据的分类同样不容忽视，特别是在涉及材料缺陷或施工不达标时，质量检测报告、实验室检测结果、监理记录等证据至关重要，施工方在进行证据整理时，不仅要确保每项质量问题的证据都有据可查，还需能够将这些证据与合同标准及国家相关规定进行对比，明确显示质量问题对施工方造成的影响，质量类证据的整理通常需要与监理报告、验收记录等文件进行结合，确保索赔材料具备足够的完整性和连贯性。

（三）证据的分析与法律支持

在施工索赔中证据的收集和整理并非索赔的最终目的，证据的分析过程决定了索赔能否成功，分析的关键在于如何将收集到的证据与合同条款、法律法规相结合，找出证据支持索赔请求的合理性。施工方在分析证据时，首先需要依据合同条款中的约定，特别是关于工期延误、费用增加、不可抗力等条款，明确这些条款如何与施工现场的实际情况对应，合同条款的解读应尽精确，避免出现任何模棱两可的表述，以确保索赔请求的合法性能够被充分证明。除合同条款外国家法律法规对施工索赔的支持作用不容忽视，特别是在涉及工程质量、工期延误等问题时，施工方可以依据相关法律法规的规定，对证据进行进一步分析。建筑法、合同法、工程质量管理条例等法律为施工索赔提供了重要的法律依据，特别是在双方对合同条款解读存在分歧的情况下，法律规定可以作为评判索赔是否合理的最终依据。在证据分析过程中，施工方应密切关注法律规定与合同条款之间的衔接，确保证据的合法性和合理性。

费用类证据的分析往往需要通过对比预算、实际支出以及合同约定的方式进行，施工方需通过详细的财务分析，证明费用增加的合理性，质量类证据的分析则需要将检测结果与合同中的技术标准进行对比，明确显示质量问题如何影响了工程的正常施工和验收。工期延误类证据的分析则需通过对比施工进度表与实际进展情况，找到导致工期延误的具体原因，并通过相关的天气记录、设备故障报告等证明工期延误并非施工方的责任。法律支持不仅体现在证据的分析过程中，还涉及到索赔程序的合法性，施工方在递交索赔申请时，需确保索赔申请符合法律规定的时间要求，避免因时效性问题导致索赔被拒绝，在证据分析过程中，施工方可以聘请法律顾问进行专业指导，确保所有的证据都能够符合法律要求，为索赔请求提供强有力的支持。

第四节　工程施工风险管理

一、施工风险的种类与特点

施工风险是工程项目管理中的重要组成部分，涉及工期延误、成本超支、安全事故等多种内容。风险具有不确定性、复杂性和多变性等特点，源于技术、环境、管理等多种因素，对施工的顺利进行构成威胁，需要进行有效的识别、分析与管理。

（一）技术风险及其管理对策

在施工风险管理中，技术风险无疑是其中最为常见且具有较大影响的一类风险，这类风险主要与工程技术水平、施工工艺、设计图纸及材料设备的选用等相关，技术错误导致工期的延误、成本的增加，甚至会影响工程质量。在施工过程中，技术风险的产生往往由于施工工艺的复杂性和技术标准的严格性，尤其是高精度要求的项目中，任何技术上的偏差都会对工程进度和结果产生不利影响，设计方案中的技术细节错误，或者施工过程中的技术失误，都会导致工程的返工或重新规划，从而增加施工的复杂性和不可控性。为了有效应对技术风险，施工单位需要建立完善的技术风险识别和评估机制，项目初期技术专家和工程管理团队需要对设计方案、施工工艺、材料设备等进行全面的评估，确保其技术可行性。针对高风险的技术环节，应提前制定备选方案，确保在出现问题时能够快速调整施工进度，施工团队需加强技术培训，确保每一位参与人员都能掌握施工所需的专业技能，避免因技术能力不足而导致的错误操作。技术风险的管理还需要依赖于现代技术手段的辅助，比如通过引入信息化管理系统，可以对技术参数进行实时监控和数据分析，确保施工过程中技术指标的准确性和一致性。施工方还可以定期组织技术研讨会，邀请行业专家对项目中的关键技术进行论证，确保技术方案的可操作性。总之，技术风险的管理需要多方合作，通过专业化的技术支持和科学化的管理手段，确保施工项目能够按期完成，并达到预期的技术标准和质量要求。

（二）环境风险的识别与控制

施工环境是影响施工过程中的重要因素，环境风险的来源多样，包括自然环境的变化，如极端天气、地质灾害等，也涉及施工场地的交通、周边居民的生活以及环保要求的影响。环境风险通常具有不确定性和不可预测性，尤其是在户外施工项目中，天气变化和自然灾害等因素往往超出了施工方的控制范围，对工程进度和安全构成了直接威胁，地质条件的复杂性、地下管线的未知情况以及场地周边的环境限制，都是影响施工环境的重要风险源。在应对环境风险时，施工单位首先需要对施工场地进行全面的环境评估，了解存在的环境隐患，并据此制定合理的施工计划，对于容易受到天气影响的施工环节，如土方开挖、混凝土浇筑等工作，应尽量安排在气候条件较为稳定的时段进行，并做好应急预案，避免极端天气对工程进度的冲击，地质风险的防控则需要在项目初期进行充分的地质勘查，确保施工场地的稳定性，并针对的地质问题制定应对措施。

在施工过程中环保问题也成为越来越多工程项目需要面对的环境风险，施工方需要遵循国家和地方的环保法律法规，确保施工活动不会对周边环境造成不良影响，施工产生的废水、废气、噪声等需要经过严格的控制和处理，避免污染周边环境，引发社会矛盾和法律纠纷，通过建立完善的环境监控系统，可以对施工过程中产生的各类环境影响进行实时监测，及时采取纠正措施，确保施工活动符合环保要求。应对环境风险需要施工方具备较强的风险意识和灵活的应对能力，施工管理团队不仅要具备丰富的经验，还需具备对外部环境的敏锐判断能力，通过科学的规划和细致的管理，最大限度地减少环境风险对工程施工的影响。

（三）管理风险与组织协调

管理风险是工程施工中不可忽视的一个方面，通常源于施工组织的复杂性、沟通不畅、决策失误等管理问题。管理风险不仅影响工程的进度和成本控制，还对项目的整体质量和后续的验收产生深远影响，尤其在大型工程项目中管理环节的复杂性使得施工方在项目实施过程中，极易因组织协调不当而导致资源浪费、施工滞后等问题。管理风险的一个主要表现是施工组织不当，尤其是在工期紧张、项目复杂的情况下，若施工计划缺乏合理性和前瞻性，导致资源分配不均、施工现场调度不畅等问题，项目管理者的决策失误也是管理风险的重要来源，尤其在涉及工程变更或应对突发事件时，错误的决策会导致问题进一步恶化，甚至使项目陷入停滞状态。决策的合理性和科学性在管理风险的控制中至关重要，管理者不仅需要具备全面的工程管理知识，还需在面对突发事件时做出果断而准确的判断。

为了降低管理风险，施工方应建立科学的施工组织体系，确保各个部门之间的协调和沟通顺畅。项目管理团队需定期召开施工协调会议，确保所有参与方都能及时了解项目进展和存在的问题，避免因信息不对称导致的误判和决策失误，施工方还应加强施工过程中的风险预警机制，通过数据分析和进度监控，提前发现的管理风险，并及时采取措施进行调整。在管理过程中施工方需注重人才的合理配置，确保每个岗位都由经验丰富的专业人员负责，特别是在涉及技术难度较大的施工环节时，项目管理者需有针对性地进行人员培训，确保施工团队具备足够的技术能力和应变能力，通过科学的组织管理和有效的风险控制，管理风险可以被有效降低，从而确保工程项目顺利推进。

二、施工风险的识别与评估

施工风险的识别与评估是确保工程项目顺利实施的关键环节，涉及识别影响施工进度、质量和成本的多种因素，并通过科学评估确定其影响范围与严重程度，进而制定相应的风险控制措施，确保施工活动的有序推进和项目目标的实现。

（一）技术风险的识别与评估

施工技术的复杂性、工艺要求的严格性以及新技术、新材料的广泛应用，使得技术风险成为施工风险中的重要组成部分，技术风险的识别需要从施工工艺、工程设计、材料选型等多方面进行全面考虑。施工过程中任何技术细节的偏差，都导致工程质量、工期、成本等方面的风险，技术风险识别的核心在于充分了解工程的技术难度和关键技术环节，特别是涉及新工艺、新设备、新材料等前沿技术的项目，技术风险更需要得到充分的重视，材料选择错误导致工程返工，施工工艺不当导致安全隐患，这些都是施工技术风险的典型表现。为了有效识别技术风险，项目管理团队需提前进行技术可行性分析，结合设计文件和施工图纸，确定每一个技术环节的关键点，明确出现的风险源，技术风险的评估则需基于施工现场的实际情况，进行定量与定性分析，评估每个技术环节的风险程度。评估过程中不仅要考虑风险发生的性，还要分析其对项目的潜在影响，包括工期延误、质量下降或成本增加等方面的风险，为了降低技术风险带来的不确定性，项目管理者需要根据评估结果，制定详细的技术方案，并为潜在风险提供应急预案。随着信息技术的不断发展，利用先进的计算机辅助技术进行技术风险评估已成为一种趋势，建筑信息模型（BIM）可以在虚拟环境中进行技术模拟和优化，帮助识别潜在的技术问题并提前制定解决方案，通过系统化、科学化的识别与评估，施工技术风险可以得到有效控制，确保项目能够在技术层面上顺利推进。

施工过程中所处的环境变化，尤其是自然条件和外部环境的不确定性，使得环境风险在施工管理中占据重要地位。环境风险的来源多样，包括极端天气、地质灾害、噪声污染等，这些因素直接影响到施工进度和工程质量。对于不同地区的工程项目，环境风险的表现形式各异，地质条件复杂的山区、频繁遭遇极端天气的沿海地区、环保要求较高的城市中心，环境风险的识别和评估具有较强的个性化需求。环境风险的识别通常需要结合项目所在地的历史气候数据、地质勘探报告以及当地环保政策等多方面信息进行综合分析，在极端天气频发的地区，施工方需提前评估遇到的气候影响，如台风、暴雨、寒潮等对施工设备、材料以及人员安全的影响，确保有充分的应对措施，而地质风险的识别则需要依赖地质勘察结果，了解施工区域的地质构造、土壤条件、地下水位等信息，避免因地质灾害导致施工停滞或工程质量问题。环境风险的评估则需通过定量与定性结合的方式进行，在定量分析中项目管理团队可以借助气候模型、地质模型等工具，对风险发生的概率进行精确估算；在定性分析中，需结合专家意见，评估环境变化对施工计划、施工工艺等方面的影响。评估的核心在于确定环境风险对施工项目的潜在威胁，并结合实际情况制定相应的防控措施。特别是在涉及环保要求严格的地区，施工方需严格遵守环保规定，提前识别的环境污染风险，并制定环保方案，以确保项目的可持续性。

（二）管理风险的识别与评估

管理风险是施工项目中常见且具有重要影响的一类风险，其来源包括项目管理制度的不健全、组织协调不力、沟通不畅以及人力资源调配不当等，管理风险的识别需要从项目的管理模式、组织结构、决策流程等多个维度入手，确保每一个管理环节都能高效运行，管理风险的关键在于管理流程是否清晰、各级管理人员是否具备足够的管理经验、沟通机制是否顺畅等方面。管理风险的评估则需通过项目管理流程的审查与管理效率的评估进行综合分析，项目管理流程审查能够帮助识别的管理漏洞，如责任划分不明、决策流程过于复杂等问题，这些管理漏洞往往会导致决策滞后、资源浪费等管理风险。而管理效率的评估则需通过对施工进度、资源配置等方面的考量，评估管理团队的决策能力和组织协调能力，通过系统化的评估，项目管理团队可以及时发现管理中的薄弱环节，提前进行管理制度的优化和人员培训，避免因管理失误导致施工项目的延误和成本超支。现代项目管理中利用先进的信息化管理工具进行管理风险的识别与评估已逐渐成为主流，项目管理软件可以通过实时监控施工进度、人员安排、资源调度等信息，及时反馈管理过程中存在的问题，并为管理决策提供数据支持，通过合理的风险识别与评估，管理风险能够在早期得到有效控制，从而提高项目管理的整体效率。

施工项目的经济风险主要来源于工程预算、资金管理、成本控制等方面的不确定性，经济风险的识别需要全面审查项目的财务规划、资金调度、工程款回收等环节，确保在资金链条中不存在断裂的风险，对于大型施工项目，资金的充足与否直接关系到工程的进度和质量，若项目资金链出现问题，工程面临停工的风险，甚至会产生连锁的经济损失。在识别经济风险时，需重点关注项目的财务预算是否合理，工程款的支付方式是否明确，资金调度是否灵活，经济风险的一个主要表现是工程预算不足，导致施工过程中需要追加资金，而业主的资金状况无法及时支持这些追加需求，从而引发资金链的断裂，工程款的拖欠问题也是施工项目中常见的经济风险，若业主无法按合同约定支付工程款，施工方将面临较大的资金压力，进而影响施工进度和项目质量。

经济风险的评估则需结合项目的财务数据进行定量分析，通过对资金流动情况、成本支出情况、工程款回收进度等财务数据的综合分析，评估资金链的稳定性和项目的财务健康状况。在评估过程中不仅需要分析资金的使用效率，还需评估资金的可持续性，确保项目能够在资金链保持健康的情况下顺利推进，对于资金回笼周期较长的项目，施工方需提前制定应急资金计划，确保在资金紧张时能够有备用资金支持工程的正常运作。随着建筑市场的不确定性增加，经济风险的识别与评估需要结合市场行情进行动态调整，特别是在材料价格波动较大的市场环境下，施工方需及时关注市场价格变化，并通过灵活的采购策略和资金管理手段降低经济风险，经济风险的有效识别与评估可以确保项目在财务上保持稳定，从而为施工项目的顺利完成提供保障。

三、风险应对策略与措施

施工项目中的风险应对策略与措施是保障项目顺利推进的关键，必须针对不同类型的风险进行科学有效的管理，通过合理的规划、及时的调整以及对风险源的持续监控，可以将潜在风险对项目的负面影响降到最低，确保项目质量、工期和成本的可控性。

（一）技术风险的应对策略与措施

在施工项目中，技术风险常因施工技术复杂性、材料设备不确定性以及新技术应用等原因产生，这类风险直接影响工程的质量和进度，因此其应对策略需着重从技术方案的选择与技术管理的优化入手。在制定技术方案时，必须根据项目的具体特点，结合项目的技术要求和施工难度，选择成熟可靠的技术方案和工艺流程，避免使用未经验证或经验不足的新技术，在关键技术环节项目管理团队应进行充分的技术论证，并组织相关专家进行技术风险评估，确保技术方案的可行性和安全性。应对技术风险的另一个重要措施是强化施工队伍的技术能力，项目管理者应组织技术培训，确保现场人员具备充分的技术操作能力，减少因技术能力不足导致的风险。技术难度较高的项目，施工方还应配备经验丰富的技术管理人员，对施工过程中的关键技术环节进行严格把控。现代技术手段的应用，如 BIM（建筑信息模型）技术，可以在施工前对技术方案进行模拟和优化，提前发现存在的技术问题，并制定相应的应对措施，以提高施工效率和工程质量。在施工过程中技术风险的监控也是不可或缺的，通过对技术指标的实时监控，项目管理团队可以及时发现技术偏差，并在第一时间采取纠正措施，避免技术问题对工程进度造成较大影响，结合应急预案的制定和实施，技术风险可以被有效控制在可接受范围内，为工程项目的顺利推进提供技术保障。

（二）环境风险的应对策略与措施

施工项目的环境风险常因自然条件、地质状况以及周边环境的不可控性而引发，对施工进度、人员安全以及工程质量产生重大影响，环境风险的应对措施需从环境评估、施工安排调整和应急预案等多个方面着手。施工项目启动前，必须对施工区域进行详细的环境评估，全面了解当地的气候条件、地质结构、地下水位等影响施工的外部因素，为后续施工做好充分的环境准备，通过全面的环境评估，可以提前识别的风险源，并制定针对性的预防措施。面对气候条件变化带来的风险，如暴雨、台风等极端天气，施工方应合理安排施工进度，避免在不利的天气条件下进行关键性作业，在施工前尽量避开容易受到天气影响的工作阶段，如地基施工、土方开挖等，确保工程能够在气候条件相对稳定时进行，而对于容易受到环境变化影响的施工环节，应配备必要的防护设备和措施，如排水系统、防水材料等，以减少极端天气对施工的影响。

地质风险的应对措施则需依赖于详细的地质勘查报告，施工方在施工前应充分了解施工场地的地质条件，尤其是在地质条件复杂的山区或软土地基区域，必须提前制定加固和防护措施，以防止地质条件变化对工程基础和安全造成威胁。针对地质灾害风险，施工方还需与当地政府和相关专家保持密切联系，确保能够及时获得地质监测数据和灾害预警信息，通过合理的施工规划和及时的应对措施，环境风险可以得到有效控制，确保施工安全和进度。

（三）管理风险的应对策略与措施

管理风险在施工项目中是影响项目进度、质量与成本的常见风险，其应对策略主要集中在管理流程的优化、团队协调与信息沟通的强化等方面，管理流程的科学性与合理性对项目的顺利推进起到至关重要的作用，项目管理团队需根据项目的规模与复杂性，制定详细而清晰的管理流程，确保每个施工环节的责任明确、进度可控。对于大型复杂项目，项目管理流程的制定必须充分考虑项目的多样性与变动性，通过制定灵活的管理制度，确保管理层与执行层能够及时应对突发状况。

团队协调是降低管理风险的另一重要环节，项目管理团队需定期召开施工协调会议，确保各部门、各环节之间的信息传递与沟通顺畅，避免因信息不对称导致的管理失误。在施工过程中，施工单位与设计方、监理方及业主的沟通同样至关重要，所有关键性决策必须通过书面形式进行确认，确保项目各方对施工计划和进度达成一致，以减少因沟通不畅带来的风险。在现代施工项目管理中，信息化手段的应用大大提升了管理效率，通过使用项目管理软件，可以实时监控施工进度、人员调度、材料使用等关键数据，管理人员能够及时发现问题并调整施工安排，施工现场的管理人员需具备丰富的项目管理经验与应对突发状况的能力，管理层应对项目管理人员定期进行培训，确保其具备足够的风险意识和决策能力，通过科学的管理流程与高效的团队协调，管理风险将被有效降低，项目的整体质量和效率也将得到提升。

第六章 建筑工程项目施工成本管理

第一节 建筑工程施工成本管理概述

一、施工成本管理的意义与作用

施工成本管理在建筑工程项目中起到确保工程经济性和提高竞争力的关键作用，通过对成本的严格控制，能够有效避免资源浪费、提高施工效率，并保障项目的经济效益，使得施工企业在市场中具备较强的竞争优势。

（一）成本预算的编制与控制

在建筑工程施工过程中，成本预算的编制与控制是确保项目经济效益的核心环节，通过科学合理的成本预算，项目管理团队能够提前规划各项资源的使用情况，确保施工成本的投入在可控范围内。预算的准确性直接关系到整个项目的资金流动和工程进展，因此施工单位在编制成本预算时必须综合考虑各类影响因素，包括材料成本、人工成本、机械设备租赁费用等多个方面，确保预算能够充分反映施工实际需求。预算编制过程中，施工单位需根据市场行情和项目的具体情况对材料价格和人工费进行动态调整，避免因市场波动导致预算偏离实际。

成本控制在施工成本管理中具有举足轻重的作用，在项目实施阶段施工方必须严格按照事先编制的预算执行，避免超支或成本浪费，成本控制不仅仅局限于对资金的管控，还包括对材料和设备的合理调配。在施工现场材料的使用、设备的租赁和维护都必须与成本控制计划相一致，确保每一个环节都能按照预定计划顺利进行，为了实现有效的成本控制，项目管理团队需要定期对实际支出情况进行分析和调整，确保预算执行过程中没有出现资金浪费或资源调配失衡的现象。成本预算编制与控制的科学性和合理性将直接影响到项目的整体经济效益，施工单位在编制预算时，应结合以往项目的经验和当前市场的变化趋势，合理制定各类成本的投入标准，并通过严格的成本控制措施，确保项目在经济上具备可持续性和盈利能力。

（二）施工成本核算与监督

在建筑工程项目中施工成本核算是评估项目实际支出与预算是否匹配的重要手段，施工成本核算不仅是项目财务管理的核心内容之一，也是施工方在项目完成后评价经济效益的基础。核算的准确性和及时性关系到成本管理的成效，核算工作需要覆盖整个施工过程的各个环节，从材料采购、人工费用到设备租赁和维护，每一个环节的支出都必须清晰记录在案，为了确保施工成本核算的精准性，项目管理者必须建立完善的财务监督机制，对施工过程中产生的每一笔费用进行追踪和记录，避免遗漏或误报。在成本核算过程中，施工单位应采用现代化的财务管理工具，将财务数据的记录与核算系统化和数字化，确保数据的完整性和准确性，现代项目管理中，利用信息化系统进行施工成本核算已经成为趋势，借助这些工具，管理团队可以对每一阶段的成本支出情况进行实时监控，并将实际支出与预算进行比对，及时发现偏差并做出调整，成本核算还需要与合同条款中的支付条件相对应，确保核算结果能够反映出项目各阶段的完成情况和资金支付的合理性。监督机制的建立是保证施工成本管理透明化和有效性的关键环节，项目管理团队应定期对施工过程中产生的财务数据进行审查，确保每一笔支出都符合既定的成本控制计划。施工现场的物资管理人员与财务团队应保持紧密合作，确保材料、设备等费用的支出与实际使用情况一致，避免因数据不对称导致的成本核算偏差，通过完善的核算与监督体系，施工单位能够及时掌握项目的成本动态，确保项目成本管理的科学性和经济性。

（三）材料与设备成本的优化管理

材料与设备成本占据建筑工程施工成本中的主要部分，因此对这两类资源的管理直接影响着项目的整体成本效益，优化材料成本管理首先需要从材料的采购入手，施工单位在材料采购过程中需严格遵循市场调研、供应商选择、价格谈判等多个环节，确保所采购的材料具备性价比优势。在施工过程中材料的损耗和浪费是影响成本的重要因素之一，因此在优化管理时，施工方需制定详细的材料管理制度，避免材料的浪费和过度储备。

设备成本管理同样需要通过合理的调度与维护来实现最优成本效益。建筑施工项目中，设备的租赁、购买以及日常维护费用构成了较大的支出部分，施工单位需根据项目实际需求灵活选择租赁或购买的方式，避免因设备过剩或不足影响施工进度与成本。在设备的日常使用中，定期维护和保养是降低设备成本的重要手段，通过延长设备的使用寿命，可以减少设备更新频率和维修费用，进而降低项目的整体成本支出。现代项目管理中，信息化管理工具的引入为材料和设备的优化管理提供了便利条件，利用信息化手段，施工单位可以实时监控材料的消耗与设备的使用情况，确保每一个环节的成本支出都能得到精确的控制，材料与设备的集中采购与统一调配也是降低成本的重要途径，通过与供应商建立长期稳定的合作关系，可以获得更有竞争力的采购价格和服务支持，从而进一步优化项目的成本结构。

二、施工成本管理的基本原则

施工成本管理的基本原则是确保项目成本在合理范围内，保障项目的经济效益和资金流动性，同时不影响工程的质量与进度。管理过程中必须遵循全面性、动态性、经济性和科学性的原则，确保成本管理与项目实际情况相结合，促进施工活动的高效运行。

（一）全面性原则的应用

全面性原则要求在施工成本管理中涵盖项目实施的各个方面，确保对所有影响成本的因素进行系统化管理，这一原则的实施不仅局限于材料、人工、设备等直接成本的控制，还包括对项目管理费用、间接成本以及潜在风险成本的合理评估与控制。项目实施过程中，成本管理的全面性体现在对每一个施工环节的全方位监控上，确保成本管理不出现盲区或遗漏，只有当成本管理覆盖到每一个细节时，才能最大程度避免项目中出现无计划支出或资源浪费的情况。

为确保全面性原则的落实，施工单位在成本管理的初期规划中，需对项目的整体布局进行详尽分析，结合各阶段的施工进度、资源投入以及市场变化情况，制定出科学的成本管理计划。此类计划不仅需要考虑当前的成本支出，还需包含对未来潜在风险的预测与防范措施，在此基础上施工单位应建立一套全面的成本监控机制，确保在项目的实施过程中，能够对各项成本进行实时跟踪与调整，防止因管理不当导致的成本超支现象。全面性原则的应用还体现在不同部门之间的协同管理上，施工成本管理不仅是财务部门的职责，还涉及到项目管理、技术支持、物资管理等多个部门的共同配合，通过建立多部门协作的机制，确保每个部门在各自负责的领域内严格按照成本管理的要求进行资源调配和费用控制，最终实现施工项目的整体成本优化。以全面性为基础的成本管理模式能够有效减少项目中因信息不对称或责任不清晰导致的管理漏洞，从而提高成本管理的效率和质量。

（二）动态性原则的实施

施工项目的复杂性和施工环境的多变性，决定了成本管理必须具备动态调整的能力，动态性原则要求在施工过程中，根据施工进度、市场价格波动、外部环境变化等实际情况，对成本管理计划进行及时的调整和优化。静态的成本管理方案无法应对施工过程中的不确定因素，因此动态性原则的实施对于确保项目成本控制的有效性具有重要意义，通过对施工现场的动态监控，项目管理团队能够及时发现偏离原计划的风险因素，并根据现场情况调整资源配置和成本管理策略，避免项目成本失控。在实施动态性原则时施工单位需充分利用现代化的项目管理工具与技术手段，对施工现场的成本数据进行实时收集与分析，信息化系统的引入为施工成本的动态管理提供了有力支持，借助这些工具，管理团队可以对材料使用、设备调配、人工投入等成本项目进行动态监测，并根据市场行情和施工进展，及时调整成本管理计划，确保项目资金使用的合理性和有效性。

动态性原则还要求项目管理者具备快速决策和应变的能力，项目执行过程中，会遇到诸如材料价格上涨、施工进度滞后等突发情况，管理团队必须根据动态变化及时调整预算和资金流向，确保施工活动不受外部环境的干扰。定期的成本评估和调整是实现动态性原则的关键，施工单位应在施工的不同阶段定期进行成本复盘，结合实际情况对成本控制措施进行优化，通过动态性的管理手段，项目的成本管理能够更具灵活性和适应性，从而在复杂多变的施工环境中保持成本的可控性。

（三）经济性原则的贯彻

经济性原则在施工成本管理中强调资源的高效利用和成本的最小化，要求项目管理者在确保工程质量与进度的前提下，通过科学的资源配置和成本控制，实现项目经济效益的最大化，这一原则的核心在于以最少的投入获取最大的产出，即在合理控制成本的基础上，保障工程质量和施工进度不受到负面影响。为贯彻经济性原则，施工单位在项目的规划阶段需对各类资源的使用情况进行科学评估，结合市场行情和项目需求，制定合理的成本投入计划。

在材料和设备的管理上，经济性原则体现在对采购、使用、维护等环节的精细化管理中，施工方需通过市场调研与价格比较，选择性价比最高的材料和设备，确保资源的有效利用。施工现场的材料管理应严格遵循物资管理制度，避免因过度储备或材料浪费导致的成本增加，对于机械设备的使用，施工方应根据项目实际需求，灵活选择租赁或购买的方式，并通过定期维护降低设备的维修和更换成本，最大限度地延长设备的使用寿命。人力资源的合理配置同样是贯彻经济性原则的重要手段，在施工项目中，人工成本占据了较大比重，施工方应根据项目的不同阶段合理安排劳动力，避免因人员配置不当导致的人工成本浪费。对于技术工种的安排，施工方还应通过提高工人的技术能力和工作效率，进一步降低人工成本的支出，在确保施工活动顺利进行的前提下，通过科学的人员调度与激励机制，提升工作效率，降低人力资源的投入，通过严格贯彻经济性原则，施工项目能够在资源使用与成本控制之间达到最佳平衡，既确保项目经济效益的最大化，又保证工程的顺利实施和高质量完成。

三、施工成本管理的组织与实施

施工成本管理的组织与实施是确保建筑项目顺利完成和经济效益最大化的核心环节，成本管理的有效组织要求全方位协调各方资源，并严格执行管理计划，通过合理的分工与精细化控制确保成本的合理使用与持续优化，从而保障项目的经济性与竞争力。

（一）施工成本管理的组织结构设计

施工成本管理的有效性依赖于科学合理的组织结构设计，确保成本管理的各个环节和各类资源能够高效整合与协调，在项目实施过程中，施工单位需设立专门的成本管理部门或团队，该团队通常由项目经理、财务主管、技术负责人及物资管理人员等多方组成，确保成本管理的覆盖面广泛且职责分工明确。各职能部门之间的协调与沟通是确保成本管理体系顺畅运行的关键，项目管理者应通过建立明确的责任体系，确保各部门在各自负责的环节内进行精细化成本控制。

组织结构的合理性直接影响成本管理的效果，项目规模越大，所需的管理层次与职能划分也越细致。在大型复杂项目中，管理层需根据项目的不同阶段、不同工序设立相应的成本控制岗位，确保每一个阶段都能有专人负责对成本的监控与调整，材料采购部门需配备专门的采购经理，负责与供应商谈判和材料成本控制；施工现场则需要设立成本监督员，负责对现场的材料使用、人工费用等进行监督与记录。在这种多层级的组织结构下，项目管理者能够及时掌握每个环节的成本动态，确保整个成本管理系统能够高效运行。信息化管理工具的引入使得组织结构中的各个层级能够通过信息共享和数据反馈系统实现更加高效的协作。施工单位应在组织结构设计时，充分考虑信息化系统的应用，确保各部门之间的数据能够无缝对接，避免因信息传递不及时或不准确而导致的成本管理失控，通过建立完善的组织结构，施工成本管理不仅能够覆盖到项目的各个环节，还能够通过高效的资源调配与管理，最大限度地实现成本的精细化控制。

（二）施工成本管理的实施计划与流程

在建筑项目的成本管理过程中，实施计划的制定与管理流程的优化是确保成本控制有效性的关键，施工成本管理的实施计划需根据项目的总体规划与进度安排，结合各项资源的调配与资金的使用情况，制定详细的成本控制目标与实施方案。为了确保计划的合理性与可操作性，管理团队需对施工的各个阶段进行深入的分析与预测，明确每一阶段的成本控制要点，并为潜在的风险因素制定相应的应对措施。在实施过程中，施工成本管理的流程设计必须具备高度的科学性与系统性，成本管理流程应涵盖从成本预算编制、资源采购、施工调度到费用核算、成本监督等多个环节，确保每一个环节都能按照既定的成本控制目标进行操作。在实际实施过程中，成本管理流程的执行需与施工现场的进度紧密结合，确保各类成本支出能够与项目的实际需求相匹配，避免出现资金浪费或资源错配的现象。

为了提高成本管理流程的执行效果，项目管理团队需建立定期的成本核算与审查机制，确保在每一个施工阶段都能够对实际支出情况进行分析与评估，并根据现场情况对后续的成本管理计划进行调整。在成本核算过程中，管理者需确保每一笔费用的支出都有据可依，避免出现未经授权的支出或超预算现象，管理团队还应建立动态的资金调度机制，确保项目资金的流动性能够满足施工进度的需要，避免因资金短缺或资金使用不当而影响施工进展，通过科学的实施计划与优化的管理流程，施工成本管理能够在项目的实施过程中发挥最大效用，不仅确保了项目资金的合理使用，也为项目的经济效益最大化提供了有力保障。

（三）成本控制的具体措施与方法

施工成本管理的核心目标在于确保成本的可控性与合理性，具体措施与方法的实施是实现这一目标的重要途径，为了确保施工成本在可控范围内，项目管理者需根据项目的具体情况制定一系列成本控制的措施与方法，包括材料管理、人工费用控制、设备成本调度等方面的精细化管理。材料管理是成本控制的重点之一，施工单位需通过严格的采购管理与库存管理，确保材料的性价比和供应稳定性，为了避免材料价格波动带来的成本增加，施工方需与供应商建立长期的合作关系，提前锁定材料价格，并根据项目进度合理安排材料的采购与使用。

人工成本的控制同样是影响施工成本的核心因素之一，施工单位应根据施工现场的实际需求灵活调配劳动力，避免因人员配置不合理导致的人工成本浪费。对于技术工种的管理，项目管理者还需通过技术培训与绩效考核等方式，提高工人的技术能力与工作效率，进一步降低人工成本的支出。在施工高峰期，合理安排工期与工作量，避免因过度加班或人力资源紧张而导致的额外人工费用支出。

设备成本的管理需要通过科学的设备调度与维护来实现，在施工过程中设备的租赁、购买以及日常维护是影响设备成本的重要因素，施工单位需根据项目的实际需求选择租赁或购买的方式，避免因设备闲置或过度使用导致的成本浪费。在设备的日常使用中，定期维护和保养是降低设备成本的重要手段，通过延长设备的使用寿命，可以减少设备更新频率和维修费用，进而降低项目的整体成本支出，通过实施这些具体的成本控制措施与方法，施工项目能够在保障施工进度与质量的有效减少不必要的成本支出，实现施工成本的合理化与经济效益的最大化。

第二节　建筑工程施工成本计划与成本控制

一、施工成本计划的编制要点

施工成本计划是建筑工程项目管理中的核心环节，旨在合理安排资源、分配资金，并确保项目实施过程中成本始终保持在可控范围内，编制成本计划需要综合考虑工程实际需求、市场价格波动、资源供给等多方面因素，以保障资金的高效使用和工程的顺利推进。

（一）项目需求与资源配置的合理性分析

在施工成本计划的编制过程中，项目需求和资源配置的合理性是确保成本控制目标实现的关键要素，项目的需求应根据工程的规模、技术难度和施工工期等因素进行全面评估，确保每一项资源的配置都能够与实际需求紧密结合。为了实现资源配置的合理化，管理者需深入分析施工过程中各个阶段的材料、设备和人力需求，避免因资源分配不当导致的成本浪费或资源不足现象。在编制成本计划时，施工单位必须依据市场行情和供应链情况，合理规划材料采购量与设备租赁时间，确保在不浪费资源的前提下满足施工进度的需求。

对于大规模工程项目，施工单位应结合施工周期，分阶段制定详细的成本投入计划，每一个施工阶段的材料、设备、人力等资源的需求都应被细化，并在计划中明确标注其成本占比和预计使用时间，以便在后续施工过程中能够进行实时调整和监控。资源配置的合理性不仅决定着成本计划的可操作性，还影响着工程实施过程中成本控制的有效性。合理的资源配置能够在施工过程中最大化提升资源利用效率，从而有效降低不必要的成本支出。在资源配置的合理性分析中，市场价格波动是一个不可忽视的因素，管理团队应在编制成本计划时，结合市场调研与预测，制定适应市场变化的采购策略，确保材料成本控制在合理范围内，施工设备的租赁与购买决策也需要根据工程进度和设备使用频率进行灵活调整，避免因设备闲置或维护费用过高而增加项目成本。

（二）施工进度与资金分配的协调性

施工成本计划的编制不仅要考虑资源配置的合理性，还需要确保施工进度与资金分配之间的协调性，在项目实施过程中，资金的合理分配是保障工程顺利推进的重要因素，资金分配的科学性直接影响到施工进度的快慢和质量的高低。为了确保项目在规定时间内完成，管理团队需根据施工计划制定详细的资金投入计划，将施工进度与资金使用有机结合，避免出现资金短缺或使用不当的情况。在施工成本计划的资金分配过程中，管理团队应根据施工进度安排，合理划分各个阶段的资金需求，确保每一阶段的施工活动都能够得到充足的资金支持。项目初期通常涉及大量的材料采购与设备租赁，因此初期的资金需求相对较高，管理者应根据项目的实际情况，合理安排资金的投入力度，避免因初期投入不足而延误工期，中后期的资金使用应与施工进度保持一致，确保施工活动顺利进行的避免因资金流动性不足而影响施工效率。

为了实现资金分配与施工进度的高度协调，项目管理团队还需建立动态的资金监控机制，对每一阶段的资金使用情况进行定期审查，确保实际资金使用与成本计划相符，通过这一机制，管理者可以及时发现资金使用过程中的问题，并根据实际需求对资金投入计划进行调整，确保项目始终在良好的资金流动性支持下顺利推进。资金分配的科学性与施工进度的协调性直接关系到项目的最终成本控制效果，合理的资金调度不仅能够确保项目的顺利实施，还能够有效避免因资金不当使用导致的成本超支。

（三）市场波动与成本调整的灵活性

施工成本计划的编制不仅要确保资源配置的合理性与资金分配的协调性，还需具备灵活的调整能力，以应对市场波动带来的不确定性，建筑市场的材料价格和劳动力成本时常受到外部环境的影响而产生波动，管理团队必须在编制成本计划时，预留一定的资金冗余以应对这些不可控因素。灵活的成本调整能力不仅能够帮助项目应对突发的市场变化，还能够确保项目的总体资金安排始终处于可控状态，避免因市场波动导致资金紧张或成本失控。

为了提高成本计划的灵活性，施工单位在项目初期需对建筑市场的价格趋势进行详细分析，并根据材料价格、设备租赁费用和劳动力成本的预期波动，制定相应的调整方案。在市场价格出现大幅波动时，管理团队应迅速做出决策，调整材料采购策略或设备租赁方式，确保项目整体成本控制在合理范围内，施工成本计划的编制应根据市场的波动情况进行定期审查，确保项目资金能够适应市场变化所带来的成本压力。灵活性不仅体现在应对市场波动上，还体现在施工过程中对不可预见问题的处理能力上，在实际施工中会遇到如材料短缺、设备故障等问题，管理者需要根据现场情况及时调整成本计划，增加或减少某一部分的资金投入，确保项目能够按照既定进度顺利进行，通过建立灵活的成本调整机制，施工单位能够在不确定的市场环境中保持成本管理的稳定性与适应性，确保项目的经济效益和资金使用的合理性。

二、施工成本的动态控制

施工成本的动态控制是在施工过程中对成本进行实时监控、分析和调整的管理手段，旨在应对施工环境的变化、市场价格波动以及施工进度调整等因素。动态控制通过数据反馈和及时调整，确保成本始终保持在合理的范围内，避免项目出现资金超支或成本失控的情况。

（一）施工阶段成本的实时监控与调整

在建筑工程施工中，成本控制的关键在于对各个阶段的成本进行实时监控与调整，确保实际支出与预算保持一致，由于施工过程中的不确定因素较多，包括材料价格波动、人工成本变化以及施工进度的不可控因素，施工成本在实施过程中很容易偏离预先设定的预算目标。为了保证成本控制的有效性，管理团队需建立实时的成本监控体系，定期收集和分析施工过程中各项成本的支出情况，确保所有支出都能得到及时记录与反馈。

施工阶段的成本监控不仅要求对材料、设备、人工等直接成本进行跟踪，还需对间接成本和管理费用进行监督，实时监控体系的构建可以依托信息化管理工具，通过数字化手段对现场成本数据进行自动收集与分析。每一阶段的支出情况需要定期汇总与审核，确保数据的完整性与准确性，管理团队需对监控结果进行深入分析，并根据分析结果及时调整后续的成本计划，避免因前期的成本失控而对后续工程造成资金压力。在监控过程中管理者还应注重对市场变化的敏锐把握，尤其在材料价格波动较大或人工市场紧张的情况下，需根据市场的实时情况对成本控制计划进行动态调整。施工阶段的成本监控是整个项目成本控制的核心环节，只有通过实时的监控与调整，才能确保项目的成本控制目标得以实现，并在施工过程中保持良好的资金使用效率与经济效益。

（二）材料采购与成本的动态管理

材料成本是建筑工程项目中占比最大的部分之一，材料采购的合理性与成本管理直接影响到项目的整体经济效益。在施工成本的动态控制过程中，材料采购的动态管理尤为关键，由于建筑材料价格受市场供求关系的影响较大，施工单位在采购过程中需要时刻关注市场的价格变化，并根据实际情况对采购策略进行及时调整。

材料采购的动态管理首先需要建立完善的市场调研机制，施工单位应定期对市场材料价格进行调研与分析，确保在采购过程中能够选择最优的供应商和采购时机，降低材料成本。为应对材料价格波动带来的成本风险，施工方可采取分批采购、锁定价格等方式，将价格波动的风险控制在最低范围内，材料采购过程中还需考虑到施工进度与材料需求的变化，避免因采购过量导致的资金占用或因采购不足影响施工进度的情况发生。在材料采购的动态管理中，施工方还应注重材料的库存管理与现场使用情况，通过合理规划材料的采购量与使用时间，确保材料的供应能够紧密配合施工进度，避免因材料积压或短缺导致的成本浪费。信息化管理工具的应用能够提高材料管理的效率，施工单位可以通过这些工具实时监控材料的库存情况与使用情况，确保材料成本始终处于可控状态。在材料成本的动态控制过程中，采购策略的灵活调整与库存管理的精细化操作相结合，能够有效提高成本控制的精确度和效率，确保项目在施工阶段保持良好的资金使用状况。

（三）施工进度与人工成本的动态调控

在施工成本控制中，人工成本是另一个影响项目经济效益的重要因素，施工进度与人工成本之间的关系密切，合理的人工成本控制不仅能够提高施工效率，还能够有效降低整体成本，施工进度与人工成本的动态调控在成本控制过程中具有重要意义。

人工成本的动态调控首先需要根据施工进度的变化灵活安排劳动力资源，避免因劳动力过剩或不足导致的成本浪费，在施工高峰期管理团队需根据工程实际需求，合理增加劳动力投入，确保施工进度的顺利推进；而在施工低峰期，则需适当减少人员配置，降低不必要的人工成本支出，通过合理调配劳动力资源，管理团队能够在保持施工进度与质量的前提下，有效控制人工成本。

除了劳动力的数量调控，管理团队还应注重工人的工作效率与技术水平的提高，通过定期开展技能培训与技术考核，施工单位能够提升工人的专业能力与工作效率，进而减少因操作不当或工期延误带来的成本浪费。在人工成本的动态控制中，绩效考核机制的引入能够有效激励工人提高工作效率，管理者可以根据工人的工作表现与施工进度制定相应的激励措施，确保项目的人工成本控制在合理范围内。施工进度的动态调控同样需要与项目的总体资金规划相结合，管理团队应根据实际进度情况，定期评估人工成本的支出与预算的差异，确保在项目的各个阶段都能实现有效的成本控制。施工进度与人工成本的动态管理不仅能够提高项目的整体经济效益，还能够确保项目在实施过程中保持合理的资源配置与资金流动性。

三、成本控制的步骤与方法

成本控制的步骤与方法是确保施工项目经济效益最大化的关键环节，通过系统的步骤划分与科学的控制方法，施工单位能够在项目实施过程中合理规划与分配资源，实现对成本的精细化管理，保障项目顺利进行并提高资金使用效率。

（一）成本控制目标的设定与分解

在成本控制过程中，成本控制目标的设定是所有管理活动的起点，设定合理的成本控制目标不仅能够为整个项目提供清晰的指引，还能够确保资源的使用与资金的分配始终围绕既定目标进行。在设定成本控制目标时，管理团队需结合项目的实际需求、市场价格波动以及施工进度安排，确保每一项成本控制目标都具有可行性和合理性，根据不同项目的具体特点，成本控制目标需涵盖材料成本、设备成本、人工成本以及管理费用等多个方面，确保所有成本项目都能够在控制范围内。

在设定总体成本控制目标之后，项目管理团队应对其进行分解，将整体目标细化为各个阶段和各个环节的具体成本控制任务，管理者可以根据施工的不同阶段，将每个阶段的成本控制目标与进度计划相结合，确保每一阶段的成本支出都能够与施工进展紧密相连。分解后的成本控制目标需要与项目的具体操作流程相适应，避免因目标设定过于笼统或细化不够而导致的管理失控，为此管理团队应通过对项目各个环节的深入分析，确保目标分解的合理性和可操作性。在成本控制目标的设定与分解过程中，还需特别关注市场价格变化和施工进度调整等不确定因素，为了确保成本控制目标的实现，管理者应定期对目标进行评估与调整，根据实际情况对控制目标进行优化，确保项目始终处于受控状态，通过科学的目标设定与合理的目标分解，成本控制的实施能够更加高效、有序，从而为项目的顺利推进奠定坚实基础。

（二）成本监控与分析的实施

在成本控制的具体实施中，成本监控与分析是确保目标实现的重要手段，成本监控的核心在于对施工过程中各项成本支出的动态跟踪与管理，管理团队需通过实时数据采集与监控系统，全面掌握项目的资金流向与成本使用情况。在施工过程中，材料采购、设备租赁、人工费用等成本项目需被详细记录，并与预先设定的成本控制目标进行比对，确保实际支出与预算保持一致，通过定期的成本监控，管理者能够及时发现项目中存在的成本偏差，防止成本失控或资金浪费的情况发生。

成本监控的实施需要依托先进的管理工具与信息化系统，施工单位应建立一套完善的成本数据采集与分析机制，确保现场的每一笔支出都能够被及时记录并纳入系统，通过对施工过程中各类成本数据的汇总与分析，管理者可以根据项目的实际进展，灵活调整成本控制策略，确保项目资金的高效使用。在成本监控的过程中，还需特别注意对市场价格变化的敏感度，管理者应根据材料市场、劳动力市场的价格波动，及时调整采购与资金分配方案，确保项目的整体成本控制不受外部因素影响。成本分析是成本监控的延续与深化，管理团队应定期对成本数据进行深入分析，通过对比预算与实际支出的差异，评估成本控制的效果，并找出项目中存在的成本管理漏洞。在进行成本分析时，不仅要考虑单一成本项目的支出情况，还需综合分析整个项目的成本结构与资金流动情况，确保各类成本支出在总体预算中保持合理比例，通过成本监控与分析的结合，施工单位能够对项目的成本控制情况做出准确判断，并根据分析结果及时调整控制策略，确保项目的经济效益最大化。

（三）资源配置与成本优化的结合

在成本控制的过程中，资源配置的合理性与成本优化的结合是提高项目经济效益的重要措施，为了确保施工项目能够在预算范围内顺利实施，管理团队必须根据项目的实际需求，合理规划各类资源的配置，并通过科学的资源调度与成本优化策略，确保资源的使用效率得到最大化。在资源配置过程中，管理者需结合项目的规模、技术要求与施工进度，合理安排材料、设备和人力等关键资源的分配，确保资源能够在最适合的时机投入使用，避免因资源配置不当导致的成本浪费。

成本优化的核心在于通过对各类资源的合理配置与精细化管理，减少不必要的支出并提高资源的利用效率。管理团队应根据项目的实际情况，制定详细的资源调度计划，并在施工过程中定期评估资源的使用效果，确保每一项资源的投入都能够产生最大的经济效益。在材料管理方面，施工单位需通过市场调研与价格比较，选择性价比最高的材料供应商，并通过批量采购、分批交货等方式降低材料成本。在设备管理方面，管理团队应根据施工进度灵活调整设备的租赁与使用时间，确保设备的使用效率得到充分发挥，避免因设备闲置或维护不当导致的成本增加。

人力资源的配置与成本优化同样是影响项目经济效益的重要因素，为了确保劳动力的高效利用，施工单位需根据项目的不同阶段，合理安排施工人员的数量与工作时间，避免因劳动力过剩或不足导致的人工成本浪费，管理者还应通过技术培训与绩效考核等手段，提高工人的工作效率与技术水平，进一步降低人工成本的支出。在资源配置与成本优化的结合中，管理团队需通过科学的管理手段与灵活的调整策略，确保项目在实施过程中始终保持高效的资源使用与成本控制效果。

四、施工成本计划的调整与优化

施工成本计划的调整与优化是确保项目在施工过程中能够适应动态变化的重要环节，通过对市场波动、施工进度、资源分配等因素的实时分析与灵活应对，管理者能够在保证工程质量与进度的前提下，最大限度地减少成本浪费并提高资金使用效率。

（一）市场变化对成本计划的影响与应对措施

在施工成本计划的编制与实施过程中，市场价格波动往往是影响成本控制效果的关键因素之一，建筑材料、设备租赁、劳动力等成本受市场供需关系、经济环境变化等外部因素的影响而产生价格波动，给项目的成本计划带来巨大压力。管理者需对市场变化保持高度敏感，实时关注市场行情，并根据市场价格的波动情况对成本计划进行灵活调整，确保项目资金的合理使用。

为了有效应对市场变化对成本计划的冲击，管理团队需在项目启动阶段建立健全的市场调研与风险预警机制，定期对主要建筑材料的价格走势进行分析与预测，提前制定相应的应对策略。在材料采购方面，管理者可以通过与供应商签订长期合作协议或提前锁定材料价格等方式，减少市场波动对成本计划的影响，设备租赁方面，施工方可以根据市场行情调整租赁周期与设备使用计划，确保设备成本与施工进度保持一致，避免因设备闲置或过度使用而增加项目成本。

在劳动力市场紧张的情况下，人工成本面临上涨压力。为应对这一风险，管理团队应提前制定劳动力调度与培训计划，确保在不增加人工成本的前提下提升工人的工作效率与技术水平，项目管理团队还需根据市场变化对成本计划进行定期评估，并根据实际情况对预算分配与资金使用计划进行优化，确保项目在施工过程中始终保持成本控制的合理性与灵活性，通过有效应对市场变化对成本计划的影响，施工单位能够最大限度地减少资金浪费，并确保项目经济效益的实现。

（二）施工进度调整对成本计划的影响与优化策略

施工进度的变化往往会直接影响到项目的成本计划，特别是在工期延误或提前完工的情况下，成本支出与预算的差异会显著增大。为了确保项目在不同进度下的成本控制目标能够顺利实现，管理团队需根据施工进度的实际情况灵活调整成本计划，确保各类成本支出与施工进度保持高度协调，施工进度的延误导致材料、设备、人工等成本的额外增加，管理团队需通过科学的调整策略将因工期变化带来的成本风险控制在最低范围内。

在应对施工进度变化时，管理团队首先需对工程各个阶段的进度进行细致分析，确定影响施工进度的主要因素，并根据实际情况制定调整计划，若因天气、材料供应或技术问题导致施工进度滞后，管理者需迅速评估滞后的影响范围，并通过增加劳动力、加班或调整工序等方式缩短工期，减少因延误而产生的成本增加，项目管理团队应定期评估项目的成本控制效果，通过与预算的对比，及时发现进度调整对成本计划带来的潜在影响，并据此对后续的成本分配计划进行优化。针对施工进度提前的情况，管理者需确保资源供应与资金使用的合理性，避免因施工加速导致的资源浪费与成本超支。在实际操作中，管理团队可以根据施工进展情况灵活调整材料采购与设备租赁周期，确保每一项资源都能与施工进度相匹配，管理者还应通过定期的成本审查与反馈机制，确保成本计划与施工进度的调整保持同步，并根据项目的实际需求不断优化资金使用策略，确保项目始终处于成本可控范围内。

（三）成本计划优化中的反馈与调整机制

在施工成本计划的调整与优化过程中，建立科学的反馈与调整机制是确保成本控制目标得以实现的重要手段，由于施工项目的动态性与不确定性，成本计划的执行往往会受到各种外部因素的影响，管理团队需要通过实时的反馈机制及时掌握项目的成本支出情况，并根据实际需求对成本计划进行灵活调整，确保项目的整体资金使用效率。

反馈机制的核心在于通过对项目成本控制效果的定期审查与总结，找出成本计划执行过程中存在的问题与不足，并为后续的成本管理提供数据支持。在施工过程中，管理者应通过信息化管理系统对现场的各类成本数据进行实时采集与分析，并根据数据的反馈情况及时向项目管理层汇报项目的成本使用情况，通过定期的成本评估与审查，管理团队能够根据项目的实际进展对成本计划进行适时调整，确保资金分配的合理性与支出结构的平衡性。

调整机制的建立是确保成本计划优化灵活性的关键，在项目实施过程中，管理者需根据施工进度、市场变化、资源供应等外部因素的变化，对原有的成本计划进行动态调整。管理团队应根据反馈数据制定相应的调整方案，并通过优化资金调度与资源分配策略，确保项目的整体成本控制目标能够在变化的施工环境中得以实现，管理者还应通过定期的沟通与协调，确保项目各部门之间的信息传递与协作顺畅，避免因信息不对称或协调不当导致的成本失控，通过反馈与调整机制的双重保障，施工单位能够在项目的实施过程中始终保持对成本计划的灵活管理，确保成本控制目标的实现，这一机制的有效运作将为项目的经济效益最大化与资金使用效率的提高提供有力支持。

第三节 建筑工程施工成本分析

一、成本分析的基本内容与方法

成本分析是建筑工程管理中的核心环节，旨在通过对施工过程中各类成本的详细记录、分类和比较，找出成本超支或节约的原因，并根据分析结果优化后续施工阶段的成本控制策略。常用的成本分析方法包括比率分析、差异分析和趋势分析等。

（一）成本构成的详细分类与数据收集

在进行建筑工程施工成本分析时，首先需要对成本构成进行详细分类，并确保每一类成本都能够被准确记录与追踪，建筑工程施工成本通常分为直接成本与间接成本，直接成本包括材料费用、人工费用和设备租赁费用，间接成本则涵盖管理费用、维护费用、税费等。管理团队需确保每一笔成本支出都能够根据其所属类别进行详细记录，以便在后续的分析过程中能够清晰展现成本的构成与分布情况。为了实现这一目标，施工单位需要建立完善的数据收集与归类机制，确保在施工过程中所有的成本支出都能够及时录入成本管理系统，并根据其成本性质进行准确分类。

在成本构成的分类过程中，还需特别注意各类成本之间的相互影响，材料价格上涨会引发施工进度延误，进而增加人工与设备的费用。管理者在收集成本数据时需注重成本构成的全面性与数据的完整性，避免因某一类成本数据遗漏或分类不当导致分析结果的偏差。在实际操作中，信息化管理工具的引入可以有效提升数据收集的效率与准确性，管理团队通过信息化平台对现场各类成本数据进行实时监控与归类，确保成本分析所需的基础数据足够全面、详细，并能及时反映施工进展与成本支出的动态变化。详细的成本分类与数据收集为成本分析奠定了坚实的基础，通过对各类成本的科学分类，管理者能够更清晰地了解项目中的成本构成与分布情况，并为后续的成本优化与控制提供可靠的数据支持。

（二）成本与预算的对比分析

成本分析的核心之一在于将实际成本与预先设定的预算进行对比，通过比对找出项目实施过程中成本超支或节约的具体原因，并据此对后续的成本控制计划进行优化。成本与预算的对比分析不仅是评估成本控制效果的重要手段，也是项目管理者及时发现成本管理漏洞的关键方法。为了确保对比分析的准确性，管理团队需结合项目的不同阶段，对各类成本的实际支出情况与预算进行逐一核对，找出支出偏差较大的项目，并深入分析偏差的原因。

在进行成本与预算的对比分析时，需特别关注成本超支的环节，材料费用、人工费用和设备租赁费用等直接成本的超支，往往是由于市场价格波动、施工进度延误或资源管理不当所致。管理者应结合项目实际情况，分析这些偏差的原因，并在后续的成本管理计划中制定相应的应对措施，以减少类似问题的再次发生，在对比分析过程中，管理团队还需对成本节约的环节进行分析，找出节约成本的原因，并将这些经验应用到后续的施工环节中，进一步提高项目的整体经济效益。为了确保成本与预算对比分析的科学性与精确性，管理团队应定期进行成本核算与评估，并通过信息化系统对实际支出数据进行汇总与对比，通过定期的对比分析，管理者能够及时掌握项目的成本控制情况，并根据分析结果对成本计划进行优化，确保项目的成本控制目标能够顺利实现。

（三）成本差异的原因分析与调整措施

在成本分析过程中，成本差异的原因分析是找出项目成本超支或节约的关键步骤，通过对成本差异的深入分析，管理团队能够明确哪些因素对成本产生了较大影响，并根据这些因素制定相应的调整措施，确保项目的整体成本控制目标不受突发情况的影响。在进行成本差异分析时，管理者需结合项目的具体情况，深入探讨导致成本差异的主要原因，并将这些原因分为可控因素与不可控因素，以便针对不同类型的差异制定不同的调整措施。

可控因素通常包括资源调配不当、材料管理失误、施工计划变更等内部管理问题，管理者应通过优化资源配置、加强现场管理、合理调整施工计划等措施减少这些因素对成本的负面影响。不可控因素则通常包括市场价格波动、劳动力市场变化、天气等外部环境的变化，针对这些不可控因素，管理团队需通过提前制定应对预案、增加资金储备等方式减少成本差异的风险。在成本差异分析过程中，还需特别注意各类成本差异的累积效应，某一环节的成本超支会对后续多个环节产生连锁反应，导致整体成本的大幅增加。管理者应通过全面分析成本差异的传播路径与影响范围，及时制定调整措施，并通过加强对关键环节的监控与管理，确保项目的成本控制目标不受累积效应的影响，通过成本差异的深入分析与调整，施工单位能够有效减少项目中的成本浪费，并确保成本控制目标的顺利实现。

二、成本分析中的数据收集与处理

在成本分析过程中，数据的准确性和完整性是确保分析结果科学合理的基础，施工项目中的数据收集与处理涵盖材料、人工、设备等多方面的成本信息，管理团队需要依托现代信息化工具，对各类数据进行科学的归集与处理，以实现对成本的精确控制与优化。

（一）施工现场成本数据的收集方法与流程

施工现场的数据收集是成本分析的第一步，必须确保每一个环节的成本数据都能被详细、准确地记录下来，施工成本数据包括材料费用、人工费用、设备租赁费用等直接成本，还需涵盖管理费用、间接成本等其他支出。为了确保数据的完整性和及时性，管理团队应制定严格的数据收集流程，并在施工过程中实时跟踪和记录各项成本的实际支出。

在数据收集的过程中，施工单位应建立全面的信息化管理系统，将现场成本数据与财务系统、进度管理系统等多个平台实现数据同步，确保各类成本支出能够自动化录入并归类。在材料管理环节，数据收集人员需记录材料的采购数量、单价、使用量等信息，并将其与预算中预定的数据进行对比，找出成本偏差。对于人工费用的收集，管理者应结合每日的劳动力使用情况、工时记录等信息，确保人工成本数据的精确性。在设备租赁方面，管理团队应详细记录设备的使用时间、租赁费用以及维护保养费用等，确保设备使用成本能够被全方位监控。数据收集流程的制定需具有高度的规范性和操作性，管理团队应通过定期的检查与培训，确保现场数据收集人员能够严格按照规定执行收集工作。数据收集的准确性是成本分析成功的前提，管理者需定期对已收集的数据进行核对与审查，确保数据的完整性与准确性，为后续的成本分析奠定坚实的基础。

（二）数据处理的规范化与标准化要求

在数据收集完成后，数据处理的规范化与标准化是确保分析结果准确性的关键环节，施工成本数据的处理不仅涉及对原始数据的分类与整理，还包括对数据的清洗、汇总以及异常值的筛选与修正。为了确保数据处理的科学性，管理团队应在数据处理的各个环节制定详细的标准化流程，确保不同数据类型都能按照相应的标准进行处理。

在数据分类与整理过程中，管理者需根据施工成本的不同性质对各类数据进行详细归类，并确保同一类别的数据能够按照既定的标准进行处理，材料费用的数据应根据材料种类、采购时间、使用阶段等信息进行分类整理，人工费用的数据应根据工种、工时等维度进行细致归类，通过分类与整理，管理团队能够清晰了解各类成本在项目中的占比，为后续的成本分析提供有力支持。数据清洗是数据处理的重要步骤，管理者需通过对数据的筛选与校对，剔除数据中的重复项、异常值以及错误数据，确保数据的完整性与一致性。在施工项目中，存在因人工录入错误或设备故障导致的数据偏差，管理团队应通过数据清洗及时发现并修正这些问题，避免因数据不准确而导致成本分析结果的失真，通过标准化的数据处理流程，施工单位能够提高成本数据的精确度，为后续的分析与优化奠定可靠的数据基础。在数据汇总过程中，管理团队需将不同类别的成本数据按照项目进度、预算执行情况等维度进行全面汇总，并确保数据的逻辑性与一致性。数据汇总的准确性直接关系到后续成本分析的效果，管理者需确保各类成本数据在汇总过程中不出现遗漏或重复计算的情况，确保成本分析能够真实反映项目的实际支出与资金使用情况。

（三）信息化工具在数据处理中的应用

现代施工项目的复杂性与成本管理的精细化要求，决定了信息化工具在数据处理中的重要性，通过信息化管理系统，施工单位能够提高数据处理的效率与准确性，实现对各类成本数据的自动化管理与实时监控。信息化工具的应用不仅简化了数据处理的流程，还能够通过数据的实时反馈，帮助管理者在施工过程中及时发现成本管理中的问题并做出相应调整。

在数据收集环节，信息化工具能够自动将现场收集的成本数据进行归类与汇总，并通过与财务系统、进度管理系统的联动，实现数据的实时更新与同步，在材料管理中，信息化系统能够通过物料管理模块实时监控材料的使用量与库存情况，确保材料成本数据的准确性与及时性。在人工费用的管理中，信息化工具能够通过工时管理模块记录每日的劳动力使用情况，并根据实际工时自动计算人工成本，在设备管理方面，信息化工具能够记录设备的使用时长、租赁费用以及维护保养记录，确保设备使用成本数据的完整性与准确性。在数据处理环节，信息化工具能够自动对收集到的成本数据进行清洗与分类，通过内置的算法与规则筛选出数据中的异常值与重复项，确保数据的完整性与一致性。在数据汇总过程中，信息化系统能够根据项目进度与预算执行情况，自动生成各类成本报表，并将各类成本数据按照不同维度进行分类与整理，通过信息化工具的应用，施工单位不仅能够提高数据处理的效率，还能够通过实时的数据反馈，帮助管理者在项目实施过程中及时调整成本控制策略，确保成本管理目标的实现。信息化工具在数据处理中的应用为施工项目的成本分析提供了强大的技术支持，通过信息化系统的自动化管理，施工单位能够在确保数据处理准确性的提升成本管理的效率与精度。

三、成本分析的实施步骤与结果反馈

成本分析是确保施工项目资金合理使用的重要环节，其实施步骤包括数据收集、分类处理、数据分析、结果评估以及反馈调整等环节，这一过程中，准确性与时效性尤为重要，通过系统化的分析方法，管理团队能够优化项目成本结构并提高整体经济效益。

（一）数据收集与初步分类

在成本分析的实施步骤中，数据收集是整个过程的基础，确保数据全面、准确、及时是后续分析成功的前提。在项目的不同阶段，管理团队需从施工现场、财务系统、物资采购等多个渠道获取实时的成本数据，并对这些数据进行细致的分类与整理。施工项目中所涉及的成本类别包括直接成本和间接成本，直接成本主要包括材料、人工、设备费用等，间接成本则涵盖管理费用、维护费用、办公费用等。为了确保数据的完整性与可用性，管理者需严格按照预定的分类标准对所有成本进行归档，以便后续的分析。

数据的初步分类不仅需要涵盖不同成本类别，还需根据项目的进度阶段进行时间维度上的划分。管理者可以按照项目的施工进度，将每一阶段的成本数据与相应的预算进行对比，确保项目的各项支出都能得到实时跟踪与监控，在数据收集与分类过程中，管理团队应通过信息化手段提升工作效率，确保数据能够在多个系统之间无缝对接，避免因数据录入错误或遗漏导致后续分析结果的失真。数据分类的准确性直接影响后续分析的质量，只有通过系统化、精细化的分类处理，才能为后续的分析奠定坚实的基础，通过对成本数据的初步分类，管理者能够清晰了解项目各个阶段的成本支出情况，并为接下来的详细数据分析提供充分的依据。在此基础上，数据收集与分类的规范化操作还能够帮助施工单位实现成本管理的精细化与系统化。

（二）数据分析与成本差异评估

在完成数据的收集与分类之后，管理团队需对项目各项成本数据进行深入的分析与差异评估，找出实际成本与预算之间的差距，并分析造成这些差异的主要原因。成本分析的核心在于通过对比实际支出与预算，找出那些超支或节约的项目，并评估其对整体项目成本的影响。管理者在分析时需结合每一阶段的施工进展、材料价格、劳动力市场变化等外部因素，深入剖析各类成本差异的具体成因。

在成本差异评估的过程中，管理团队需特别关注那些对项目总成本影响较大的成本类别，如材料费用、人工费用以及设备租赁费用等，对于超出预算的成本项目，管理者需结合市场价格波动、资源调配不当等因素进行详细分析，找出问题的根本原因，并及时采取措施防止进一步的成本超支。而对于那些成本节约的环节，管理者需总结出节约成本的有效经验，并将这些经验应用到后续施工阶段中。数据分析与成本差异评估的目的是帮助管理团队全面掌握项目中的成本控制情况，并通过深入的成本对比分析，为项目的后续管理与资金调度提供科学依据，通过精确的成本差异分析，管理者不仅能够有效控制项目中的成本浪费，还能够通过差异评估优化资源配置与预算执行，确保项目资金的合理使用与经济效益的最大化。

（三）结果评估与改进建议的提出

在成本数据分析与差异评估结束后，管理团队需对分析结果进行全面评估，并根据评估结果提出相应的改进建议，以进一步优化项目的成本控制与资金管理。结果评估的核心在于通过对比预算与实际支出的整体情况，找出项目在成本管理中的优劣势，并结合市场环境、项目进展等因素，评估项目的成本控制效果。

管理团队在进行结果评估时，需从多个维度对项目的成本控制效果进行综合考量，材料成本、人工费用等直接成本的控制效果是否达到预期，间接成本的支出是否与管理费用计划相符，设备租赁费用是否得到了合理控制等。在结果评估的过程中，管理者还应根据不同阶段的成本数据，评估项目的总体资金使用情况，确保各项资金使用计划能够与施工进展保持高度协调。在进行结果评估的基础上，管理者需结合项目中的实际情况，提出相应的改进建议，以优化项目的成本控制策略，改进建议不仅包括对现有成本控制措施的调整，还包括对未来项目中的资金调度、资源配置等方面的优化方案，通过结果评估与改进建议的提出，施工单位能够进一步提高成本管理的精度与效率，并确保项目的资金使用始终保持在合理范围内，结果评估的科学性与改进建议的可操作性将为项目的顺利实施提供坚实保障。

四、成本分析在施工管理中的应用

成本分析在施工管理中扮演着至关重要的角色，通过深入分析项目的资金流动和资源使用情况，提供决策支持以优化资源分配和控制施工成本。有效的成本分析不仅增强了项目预算的透明度和可控性，还通过识别潜在的节约领域，确保了项目的财务健康和盈利能力。

（一）成本分析在项目预算制定中的重要性

成本分析对于施工项目的预算制定至关重要，因为它为项目的财务规划提供了精确的数据支持，确保了资金的合理分配与使用。在项目初期，通过对材料、人工、设备及其他直接与间接成本进行详尽分析，管理团队可以更准确地预测项目总成本，从而制定出更实际、更符合经济效益的预算，这一过程涉及到对历史数据的回顾分析、市场价格趋势的预测以及潜在风险因素的考虑，确保预算的制定既具备前瞻性也富有应变性。

成本分析帮助项目管理者理解资金在不同阶段的需求量，从而制定阶段性的资金释放计划，这样做不仅能提高资金使用效率，还能减少因资金使用不当造成的财务压力，在施工的早期阶段需要较多的资金用于购买材料和设备，成本分析能够确保这一阶段的资金需求得到满足，而不会影响项目其他阶段的资金安排，通过动态的成本监控，任何预算超支都会立即被识别出来，管理团队可以迅速采取措施调整预算或优化成本，以避免财务状况的恶化。进一步地，成本分析还涵盖了对不同成本控制策略的评估，比如通过采购策略的优化、劳动力的合理配置以及技术方法的改进来降低成本。在预算制定阶段，深入的成本分析不仅有助于制定实际可行的预算，还能提前规划成本节约策略，提升项目整体的成本效益。

在施工项目的执行阶段，成本分析是监控和控制成本的有力工具，通过实时的数据收集和分析，项目管理团队能够及时了解成本使用的具体情况，并与项目预算进行对比，确保每一笔支出都能得到合理的解释和证明，这种方法不仅增加了成本管理的透明度，还提高了资源使用的效率。

当项目实施中出现预算偏差时，成本分析可以迅速识别问题的根源，无论是由于材料价格的波动、施工方法的改变还是计划外的额外工作量，管理团队都能通过具体的分析找到导致成本变化的具体因素，可以针对性地调整操作策略或重新分配资源，以控制成本的进一步膨胀，如果发现某种材料的成本持续上升，管理者可以寻找替代材料或与供应商重新谈判价格，以降低成本压力。成本分析还能帮助项目团队优化施工计划，通过调整工作流程或改变施工技术来降低成本。在施工过程中，通过持续的成本分析，可以识别出成本节约的机会，这些节约往往来源于改进工艺、提高材料利用率或者优化人力资源配置，通过这些措施，项目管理团队不仅能控制成本，还能在保证工程质量的前提下，提高工程的整体效率。

（二）成本分析在项目后期的绩效评估中的应用

项目完成后，成本分析对于绩效评估和总结经验教训至关重要，通过回顾整个项目的成本记录和实施过程，管理团队可以评估成本控制的有效性，并识别哪些策略最成功，哪些做法需要改进，这一过程不仅帮助项目团队总结经验，也为未来项目的成本控制提供了宝贵的参考。在项目绩效评估中，成本分析能够提供关于资金管理、资源分配和预算执行的详细信息，这些信息对于评估项目的财务表现和管理团队的操作效率至关重要，通过分析不同施工阶段的成本与预算执行情况，可以明确在项目中哪些部分的资源利用最优化，哪些部分存在浪费，从而在未来的项目中实施更有效的成本控制措施。成本分析还可以揭示项目中存在的系统性问题，如常规超支的原因、成本预算制定的不准确等，通过这种深入的分析，管理团队可以改进预算编制流程，提高成本预测的精确性，从而在项目初期阶段就能制定更加科学合理的预算，通过对已完成项目的成本分析，管理团队能够优化内部控制系统，增强对项目财务的监管能力，提高企业的运营效率和盈利能力。

第七章　建筑工程项目的综合性管理

第一节　建筑工程项目安全管理

一、安全管理的基本概念与原则

建筑工程项目的安全管理是指在项目的各个阶段中，运用科学的管理方法和技术手段，确保人员、设备、材料等在施工过程中的安全。安全管理的基本原则包括预防为主、全员参与、持续改进和科学决策，确保项目在顺利实施的同时减少事故风险，保障人员与财产的安全。

（一）安全管理体系的建立与完善

在建筑工程项目中，安全管理体系的建立与完善是确保项目顺利进行、人员和财产安全的核心环节。为了实现有效的安全管理，管理团队需根据项目的规模、复杂程度以及具体的施工环境，建立一套完整的安全管理体系，并通过科学的制度化管理手段将安全责任落实到项目的每一个环节。安全管理体系的建立首先应包括明确的安全管理目标，确保每一个施工阶段的安全要求能够被清晰定义，并通过系统化的管理流程将这些目标转化为可操作的管理措施。

在安全管理体系的建立过程中，管理者需将安全责任分解至各个岗位和人员，并通过定期的安全培训、检查和评估确保每一个员工都能熟悉其岗位的安全职责。对于涉及高风险作业的环节，管理者需制定详细的安全操作规程，并通过技术手段进行动态监控，确保在施工过程中能够及时发现并消除潜在的安全隐患，管理团队还需结合项目的实际情况和施工环境，制定应急预案，确保在突发事件发生时能够迅速响应并采取有效的应对措施。安全管理体系的完善不仅要求管理者能够从制度层面保障施工现场的安全，还需通过信息化手段将各类安全信息进行实时监控与反馈。借助现代化的信息技术，施工单位能够实时监控现场的安全状况，并通过数据分析找出潜在的安全风险，从而为项目的安全管理提供有力支持，通过建立健全的安全管理体系，建筑工程项目的安全管理能够在全方位得到保障，确保项目的顺利实施与人员的生命财产安全。

（二）安全责任的划分与落实

在建筑工程项目的安全管理中，安全责任的划分与落实是确保各项安全措施得以有效执行的基础。为了避免因责任不明确或推诿而导致安全事故，管理团队需根据项目的特点与规模，将安全责任明确划分至各个岗位和部门，并通过制度化的管理手段确保每一个岗位的安全职责都能被严格落实。安全责任的划分应结合项目的施工流程与工艺特点，确保在每一个施工环节中都有专人负责安全管理，并对出现的安全问题提前预警与处理。

在安全责任的落实过程中，管理团队需通过定期的安全培训与考核，确保每一位施工人员都能熟悉其岗位的安全要求，并能够在实际工作中严格遵守相关的操作规程。对于涉及高风险作业的岗位，如高空作业、机械操作、起重设备使用等，管理者需根据国家安全管理的相关法规，制定严格的安全操作流程，并通过现场的安全监督与巡查，确保所有高风险作业都能够在严格的安全管理下进行。安全责任的落实还需要通过奖惩制度来强化各个岗位的安全意识。管理团队应根据安全管理目标，制定详细的安全考核与奖励机制，确保在项目实施过程中，安全管理效果能够得到持续提升。对于安全表现良好的岗位与个人，管理者可通过奖励机制进行表彰，以此激励更多的施工人员主动参与到安全管理中来；而对于违反安全操作规程或未按要求落实安全措施的岗位，则需通过严厉的处罚措施进行警告与整改，通过明确的安全责任划分与严格的责任落实，施工单位能够有效防范安全事故的发生，确保项目的安全管理目标得以实现。

（三）安全隐患的排查与整改机制

在建筑工程项目的安全管理中，安全隐患的排查与整改机制是确保施工现场安全环境的重要手段，管理团队在项目实施过程中需通过定期的安全检查与隐患排查，找出施工现场中潜在的安全风险，并根据隐患的严重程度与风险等级，制定相应的整改措施，确保所有安全隐患都能在事故发生前得到及时处理。隐患排查机制的建立应结合项目的具体施工环境与施工工艺，确保隐患排查覆盖到每一个环节与细节，不留任何死角。

在隐患排查过程中，管理团队需借助专业的安全监控设备与检测手段，对施工现场的重点区域与高风险作业区域进行全面的安全检查。对于施工设备、脚手架、起重机械等重点设备，管理者需通过定期的检测与维护，确保其在使用过程中符合国家安全标准，并在发现问题时能够及时停工检修，避免因设备故障导致的安全事故。在隐患排查的管理者还需加强对现场操作人员的安全教育，确保每一位施工人员都能具备较高的安全意识，并能够在日常工作中自觉排查和消除潜在的安全风险。

整改机制的建立是隐患排查的延续。对于排查出的各类安全隐患，管理团队需根据其风险等级与整改难度制定详细的整改计划，并通过专门的监督机制确保整改措施能够按时落实。对于严重安全隐患，管理者需采取立即停工整改的措施，确保在问题得到彻底解决前不得继续作业，整改过程中的进度需定期向项目管理层汇报，并在整改结束后进行再次检查，确保隐患已经完全消除，通过隐患排查与整改机制的双重保障，施工单位能够在安全管理中始终保持对安全风险的高度敏感性，并通过及时的整改措施将安全事故的发生风险降至最低，确保项目的安全与施工进度同步推进。

二、施工现场安全管理的内容与要求

施工现场安全管理是建筑工程项目管理中的重要组成部分，旨在确保施工过程中的人员、设备、材料、工艺等处于安全受控状态，其管理内容涵盖安全防护、设备操作、作业规范、风险控制等多个方面，管理要求则强调制度化、规范化与科学化，确保现场各项安全措施能够切实执行并取得成效。

（一）人员安全管理的要求与实施措施

在施工现场的安全管理中，人员安全管理是首要任务，任何管理措施的有效性都直接取决于人员的安全意识与操作规范，为了确保施工人员在工作中能够最大程度减少安全风险，管理团队必须制定严格的人员安全管理要求，并通过系统化的安全教育与操作规范确保这些要求能够得到有效执行。人员安全管理的首要要求是所有施工人员必须经过系统的安全培训与考核，具备必要的安全知识与应对能力，才能进入施工现场工作。

在具体实施中施工单位应结合项目的特点与施工阶段的进展，为不同岗位的人员设置个性化的安全操作规程，确保每位员工都能够清楚了解其岗位的安全职责与注意事项，针对高空作业、起重设备操作等高风险岗位，管理团队应根据国家相关标准制定详细的安全操作手册，并通过实际操作演练帮助施工人员掌握必要的安全技能，管理团队还需定期组织全员参与的安全培训与演练，确保所有人员都能够在安全意识与应急处理能力方面不断提升。

对于日常的人员安全管理，管理者需在现场设立专门的安全监督员，负责对施工人员的操作行为进行实时监督与巡查，确保所有操作都能够严格按照安全规程进行。安全监督员应通过定期的巡查、抽查，及时发现不安全的操作行为，并在第一时间给予纠正与处理。对于违反安全操作规程的人员，管理团队应通过严格的处罚措施进行警告，并结合安全再培训提升其安全意识与操作水平，通过系统化的人员安全管理措施，施工现场能够在人员层面有效控制各类安全风险，确保项目的安全管理目标能够顺利实现。

（二）设备安全管理的内容与操作规范

设备安全管理是施工现场安全管理的重要组成部分，各类施工机械设备的安全操作与维护对于项目的安全顺利进行至关重要，为了确保设备在使用过程中的安全性与可靠性，施工单位需制定严格的设备安全管理制度，并根据不同设备的特点与使用频率制定相应的操作规范与维护计划。设备安全管理的核心在于确保所有设备都能够在良好的状态下运行，并避免因设备故障或操作不当导致的安全事故。

在具体的设备管理内容中，设备的定期检查与维护是关键环节。管理团队应根据设备的使用说明与国家相关标准，制定详细的设备维护与检修计划，确保设备能够在使用过程中保持稳定性能，并减少设备故障带来的安全隐患，起重设备、脚手架等高风险设备应定期进行专业检测与维护，确保其在负载能力、机械稳定性等方面达到安全使用标准，对于发现存在安全隐患的设备，管理者应立即停止使用并进行维修，确保在隐患消除后方可重新投入使用。

在设备操作方面，管理团队应为每一类设备制定详细的操作规程，并通过系统的操作培训确保所有操作人员都能够熟练掌握设备的使用方法与安全要求。对于涉及复杂机械设备的岗位，管理者需根据其岗位风险与操作难度进行严格的上岗资格审核，确保只有通过安全考核的人员才能上岗操作。设备操作中的安全监督同样不可忽视，管理团队需通过专人监督与巡查，确保所有设备的操作都能够按照规定进行，并及时发现并纠正不安全的操作行为，通过完善的设备安全管理制度与操作规范，施工现场能够在设备层面有效防范各类安全事故的发生，确保项目能够在安全保障下顺利实施。

（三）作业环境的安全防护与管理要求

作业环境的安全防护是施工现场安全管理的基础，良好的作业环境不仅能够提高施工效率，还能有效减少因环境不安全导致的事故发生率。为了确保作业环境的安全，管理团队需根据施工现场的实际情况制定科学合理的安全防护措施，并严格按照国家相关标准落实各类防护要求，确保现场的每一个角落都处于安全受控状态。

在作业环境的防护措施中，防护设施的设置是重中之重。管理者需根据施工现场的地形、施工内容、气候条件等因素，合理设置防护栏、脚手架、安全网等安全设施，确保在高空作业、深基坑作业等高风险环境中，施工人员能够得到充分的安全保障，施工现场还应设立明显的安全警示标志，提醒施工人员注意作业区域中的风险因素，避免因疏忽大意导致的意外事故发生。

作业环境中的安全隐患排查与整改同样不可忽视，管理团队需通过定期的环境安全检查，及时发现现场中存在的安全隐患，并根据隐患的严重程度与风险等级制定相应的整改措施。对于施工现场的积水、滑坡等自然环境带来的安全威胁，管理者需根据天气情况与现场条件，及时采取排水、防滑等防护措施，确保施工环境的安全稳定。

在作业环境的安全管理要求中，还需特别注意对施工材料的堆放与管理，管理团队应根据施工进度与材料种类的不同，合理规划材料的堆放区域与使用顺序，避免因材料堆放不当或使用不规范导致的安全问题，危险化学品、易燃易爆材料等特殊材料的管理应严格按照国家标准进行储存与使用，确保在施工过程中能够避免发生火灾、爆炸等安全事故，通过对作业环境的全面安全防护与科学管理，施工现场能够为所有作业人员提供一个安全、稳定的工作环境，确保项目的安全管理目标得以实现。

三、安全管理中的隐患排查与预防

在施工现场的安全管理中，隐患排查与预防是确保事故发生前能够及时发现问题并加以解决的重要措施，通过系统化、全方位的排查与预防机制，施工单位能够有效减少安全事故发生的概率，确保项目的顺利实施与人员安全的保障。

（一）隐患排查的范围与重点区域

在安全管理的隐患排查过程中，管理者需从项目的整体布局与具体施工内容出发，针对不同施工阶段、不同作业区域进行全面、系统的排查，确保任何潜在的安全隐患都能够被及时发现并处理。隐患排查的范围应涵盖项目的各个环节，包括施工设备、材料管理、作业环境、人员操作等多个方面，确保所有环节都能得到有效监控与管理。在隐患排查的过程中，管理团队需根据项目的风险评估结果，针对高风险作业区域进行重点检查，如高空作业、机械操作、起重设备使用等高危区域，这些区域往往是安全事故的高发地，管理者需通过定期的现场巡查与专人负责制度，确保所有操作符合国家标准与现场规程。

在排查过程中，施工设备的状态是隐患排查的重要内容，管理者需定期检查各类设备的运行状况，确保机械设备处于良好工作状态，避免因设备故障导致的安全事故发生。对于起重设备、脚手架等高风险设备，管理者应按照国家标准进行定期检测与维护，确保设备在使用中的安全性与稳定性。作业环境的安全排查则需包括对施工现场的临时设施、脚手架搭建、作业通道等方面的检查，确保施工现场的安全设施能够正常运行并符合国家安全标准。对于高空作业、深基坑作业等特殊作业环境，管理者应通过强化防护设施与增加安全标识等措施，减少施工人员在作业过程中的安全风险，通过对施工现场隐患排查范围与重点区域的科学划分，管理者能够及时发现潜在的安全隐患，并通过针对性的防控措施将风险控制在最低范围内，确保项目的安全管理目标得以实现。

（二）隐患预防措施的制定与实施

隐患预防措施的制定与实施是施工安全管理中的核心环节，确保施工现场的安全隐患能够在事故发生前得到有效控制与化解，是预防事故的关键手段。管理者在制定预防措施时需结合项目的实际情况，深入分析施工现场出现的安全隐患，并根据不同隐患的风险等级与发生概率，制定相应的预防方案，确保所有安全问题都能够被提前预防与处理，预防措施的制定需涵盖设备管理、人员操作、作业环境、材料使用等多个方面，确保施工现场的每一环节都能在受控范围内进行。

在隐患预防的具体实施过程中，管理团队需根据预防措施的内容，逐一落实到现场的每一个工作环节，确保所有安全要求都能够被严格执行，针对设备管理中的隐患，管理者应通过定期的设备维护与检修计划，确保施工机械的安全性与可靠性；针对高空作业或深基坑作业中的风险，管理者应通过增加安全防护设施与完善操作规程，确保施工人员的操作安全。对于涉及高风险的工种，管理者还需通过安全教育与技术培训，提高施工人员的安全意识与操作技能，确保所有人员都能够在工作中自觉遵守安全规程，减少人为操作失误导致的安全事故。

隐患预防措施的实施还需通过现场的实时监控与监督机制确保各项安全措施能够落到实处，管理者可通过设立专职安全员对施工现场进行全方位的监控，及时发现并纠正安全操作中的不规范行为，并通过定期的安全会议与安全检查，将隐患预防措施贯穿于施工项目的各个阶段，通过全面的隐患预防措施的实施，施工单位能够在施工过程中有效防范各类安全隐患的发生，确保项目的安全管理目标得以顺利实现。

（三）隐患排查的制度化与规范化

为了确保隐患排查能够持续有效地进行，隐患排查的制度化与规范化是施工安全管理中的重要一环。制度化的隐患排查机制要求管理者将安全检查与隐患排查作为施工管理中的日常工作内容，并通过明确的规章制度与操作流程将隐患排查工作规范化、系统化，确保每一次检查都能按照既定标准进行，避免因个人操作失误或管理疏漏导致的隐患遗漏。

隐患排查的制度化首先要求管理者建立详细的隐患排查计划与工作流程，管理团队需根据项目的实际情况，制定隐患排查的周期与检查内容，确保每一项工作都能够按时完成并得到落实，对于高风险作业区域，管理者应设定更加频繁的检查周期，确保隐患能够在风险升级之前得到及时处理。排查工作流程需明确每一个排查环节的具体要求，确保排查人员能够按照既定的操作规程进行检查，并将检查结果记录在案，便于后续的隐患整改工作。

隐患排查的规范化同样要求检查人员具备足够的专业知识与操作能力，管理者需通过定期的培训与考核，确保所有参与隐患排查的人员都能够熟练掌握检查技能，并能够在工作中自觉按照国家相关标准与项目规章制度进行操作。对于隐患排查过程中发现的问题，管理团队需通过详细的记录与归档，将每一个安全隐患的处理进度、整改措施等信息记录在案，确保隐患排查工作的可追溯性与透明度，通过制度化与规范化的隐患排查机制，施工单位能够确保隐患排查工作在项目的各个阶段都能够按计划进行，并通过严格的操作规程与监督机制，确保排查结果的准确性与有效性，为项目的安全管理提供坚实保障。

四、安全管理体系的建立与优化

安全管理体系是建筑施工项目中确保施工过程安全、预防事故的重要保障，管理者通过科学化、系统化的管理措施，将安全管理职责落实到各个环节，优化该体系的核心在于提升其覆盖范围、管理效率与执行效果，确保项目各阶段的安全管理要求能够全面、有效地实施。

（一）安全管理体系的基本框架设计与实施

在建筑施工项目中，安全管理体系的建立是确保施工现场安全的首要步骤，其基本框架应从项目的全局出发，涵盖组织结构、管理流程、安全责任划分、风险评估与控制、应急预案等多个方面。该体系的建立需要管理者从制度化的角度对每一个施工环节进行规范化管理，确保安全管理能够覆盖项目的各个阶段、各个岗位，保障施工现场安全与施工人员的生命财产安全。

管理团队在设计安全管理体系的基本框架时，需首先明确每个层级的安全管理责任，确保安全职责清晰分配到项目的不同岗位与部门，管理者需结合施工的实际情况，将安全责任细化至各个具体的工作环节，确保每一个作业岗位都能够按照既定的安全标准与操作规程进行作业，对于涉及高风险作业的岗位，管理团队需设立专门的安全责任人，并通过制度化的监督与考核机制确保责任落实。

除了责任划分，安全管理流程的设计同样至关重要。管理团队需根据施工项目的不同阶段制定相应的安全管理流程，确保在项目的每一个关键节点中都能够对安全问题进行有效预防与控制。为了提高安全管理流程的执行效果，管理者还需通过定期的安全培训、检查与考核，将安全管理要求融入到日常工作中，确保所有施工人员都能够自觉遵守安全规程。

安全管理体系的实施离不开技术支持与信息化管理手段，通过建立信息化的安全监控平台，管理者能够实现对施工现场安全状况的实时监控与数据分析，从而为安全管理提供有力的技术支持。管理团队还需定期对安全管理体系的执行效果进行评估与优化，确保体系能够随着项目的进展不断完善，以适应施工现场的变化与新的安全需求。

（二）安全管理职责与权限的明确划分

在安全管理体系中，职责与权限的明确划分是确保安全管理措施能够有效落实的关键环节，为了避免职责不清或责任推诿导致安全事故，管理者需根据项目的实际情况将安全管理责任划分至各个层级与岗位，并通过制度化的管理手段确保责任能够切实落地执行。

安全管理的职责划分首先需要从项目的组织架构入手，明确每个层级的安全管理责任，项目经理作为项目安全的总负责人，应对项目的整体安全管理工作负责，确保在项目的各个阶段都能将安全工作作为首要任务进行统筹。而各个部门的负责人则需根据自身的职能，对所属部门的安全工作进行监督与管理，确保每个岗位的安全职责都能被切实履行。对于具体的施工岗位，管理者需通过详细的安全操作规程将每个岗位的安全职责进行明确，确保所有施工人员在工作中都能够自觉承担安全责任，避免因操作不当导致的安全事故。

在权限划分方面，管理者需根据不同岗位的职责与风险等级，赋予相应的安全管理权限，对于涉及高风险作业的岗位，管理团队应赋予安全负责人暂停作业、要求整改等权限，确保在发现安全隐患时能够立即采取措施加以处理。对于一般性岗位，管理者可通过分层级的监督与考核机制，确保每个岗位的安全管理工作都能够在明确的权限范围内得到有效落实。

为了确保安全管理职责与权限的划分能够得到切实执行，管理者还需通过定期的安全考核与监督，评估各个岗位的安全履职情况，并根据考核结果进行奖惩措施，确保每个岗位的安全责任能够被落实到位，通过职责与权限的明确划分，施工单位能够有效提高安全管理的效率，确保安全管理工作在项目的各个阶段都能够顺利实施。

（三）安全管理制度的建立与执行监督

在施工项目中，安全管理制度的建立与执行监督是确保安全管理措施能够得到全面落实的重要保障。管理者需根据国家安全标准与项目的具体需求，制定系统化的安全管理制度，并通过完善的执行监督机制确保所有安全措施都能够按照既定的标准进行操作。

安全管理制度的制定需涵盖施工现场的各个方面，包括人员操作、设备管理、材料使用、作业环境、应急预案等多个领域，确保施工现场的每一个环节都能够在安全可控的状态下进行。管理者在制定制度时应充分结合项目的施工特点与风险评估结果，确保每一项制度都能够根据具体的风险情况进行有针对性的管理，针对高风险作业，管理团队需制定严格的操作规程与防护措施，并通过详细的制度化文件将安全操作的具体要求传达到每一个岗位。

在安全管理制度的执行监督中，管理者需通过制度化的检查与考核机制，确保每一项安全制度都能够得到有效执行。管理团队应根据项目的进度与施工要求，定期对施工现场的安全管理情况进行检查与评估，确保所有安全操作都能够按照既定的规章制度进行落实。对于发现违反安全管理制度的情况，管理者需通过及时的处罚与整改措施进行处理，确保制度的严肃性与权威性得到维护。

在执行监督中，管理者还需通过专职的安全管理人员对施工现场的日常安全工作进行持续监控与反馈。安全管理人员应根据安全管理制度的要求，对施工现场的安全隐患进行实时排查，并及时将排查结果反馈至项目管理层，以便管理团队能够根据现场的实际情况调整安全管理措施，确保安全管理工作能够与施工进展同步进行，通过安全管理制度的建立与执行监督，施工单位能够在制度层面确保安全管理的有效性与持续性，确保项目的安全管理目标能够顺利实现。

第二节　建筑工程项目现场管理与环境管理

一、施工现场管理的内容与职责

施工现场管理涵盖了从项目启动到竣工的全过程，涉及资源调度、进度控制、人员管理、安全保障、质量监督等多个方面，其核心职责在于确保施工过程顺利进行、资源得到合理利用，并确保施工符合设计要求和国家标准，最终达到预期质量目标和经济效益。

（一）施工资源管理与协调

在施工现场管理中，施工资源的管理与协调是确保项目顺利进行的关键环节，资源管理包括施工所需的材料、设备、人工等各类资源的调度、使用与控制，管理者需结合项目的实际需求与施工进度，制定科学的资源调配方案，确保各类资源能够在合适的时间、地点得到有效利用。在资源管理过程中，材料的采购与供应计划是首要任务，管理团队应根据施工进度安排合理的采购计划，避免因材料供应不足或过剩导致的工期延误与成本浪费。

对于设备资源的管理，施工单位应根据设备的使用情况、租赁周期等制定详细的设备调度计划，确保设备能够在施工中充分发挥作用，并通过定期的维护与检修确保设备的安全性与稳定性。人工资源的管理同样至关重要，管理者需根据施工的不同阶段合理安排施工人员的数量与工种搭配，确保在施工高峰期能够有充足的劳动力支持，而在施工低峰期则需适当减少人员配置，避免人工成本的浪费。

资源协调的重点在于提高资源利用效率，管理者应通过精细化的管理手段，确保各类资源能够在施工过程中得到最大化利用，材料的堆放与使用应根据施工现场的空间与施工进度进行合理规划，避免因材料堆放不当或使用不规范导致的损失与浪费。设备资源的调度需与施工进度紧密结合，确保在施工需求增加时设备能够及时到位，而在不使用时能够妥善安置以减少租赁费用，通过科学合理的资源管理与协调，施工现场的各类资源能够在受控状态下有效利用，确保项目的顺利推进。

（二）施工进度管理与控制

施工进度管理是施工现场管理中的核心任务之一，确保项目能够按时按质完成，避免工期延误是项目管理者的重要职责。进度管理的首要任务在于制定科学的施工计划，并根据项目的具体情况将施工任务分解到每一个施工阶段与施工班组，确保每一个环节的施工进度都能与整体项目进度保持一致。

在施工进度管理过程中，管理者需根据施工现场的实际情况定期对进度进行检查与调整，确保施工计划能够按时执行，管理团队应定期组织施工进度会议，及时掌握施工中的问题与进展，并通过与施工班组的紧密沟通及时调整施工任务与人员安排，避免因资源调度不当或天气原因等不可控因素导致的工期延误。对于进度较慢的环节，管理者需通过增加资源投入、加班等方式缩短工期，确保总体施工进度不受影响。

为了提高施工进度的控制效果，管理者还需通过信息化手段对现场的施工进展进行实时监控与数据分析，确保每一个施工节点的进度都能够被及时掌握，并根据现场的实际情况进行灵活调整，施工单位可通过项目管理软件实时跟踪材料到位情况、设备使用效率与人员安排，确保各类资源能够与施工进度紧密配合，管理者还需根据项目的整体进度情况定期评估施工计划的执行效果，并通过总结经验教训不断优化施工进度管理的措施，通过科学的施工进度管理与灵活的控制手段，施工单位能够确保项目的顺利推进，并在确保质量的前提下按时完成施工任务，为项目的经济效益与社会效益提供保障。

（三）施工质量管理与监督

施工质量管理是确保项目能够达到设计要求与国家标准的重要环节，管理者在现场管理中需通过严格的质量监督与控制手段，确保施工过程中的每一个环节都能够符合质量要求，从而为项目的最终质量目标提供保障。施工质量管理的核心在于建立健全的质量管理体系，并通过科学的管理措施将质量控制落实到每一个施工工序与操作细节。

在施工质量管理过程中，管理者需通过定期的质量检查与评估，及时发现并纠正施工中的质量问题，管理团队可通过现场巡查与质量抽检，检查施工人员的操作规范性与材料的使用情况，确保所有施工环节都能按照设计要求与施工规范进行操作。对于发现的质量问题，管理者应及时组织人员进行整改，并通过质量再检查确保问题得到彻底解决。

为了提高施工质量管理的效果，管理团队还需通过加强施工人员的技术培训与质量意识教育，确保所有施工人员都能自觉遵守施工规范与操作规程，并在日常工作中时刻关注施工质量，管理者可通过组织技术培训与技能竞赛，提高施工人员的技术水平与工作质量，确保每一个施工环节的质量都能得到有效控制。

施工质量的监督同样需要通过信息化手段加以支持，管理者可通过施工质量管理系统对现场的质量检查结果进行记录与分析，并根据数据分析的结果对施工质量管理措施进行优化与调整，管理团队可通过质量管理系统实时跟踪施工中的质量问题与整改进度，确保每一个问题都能够得到及时处理并记录在案，避免因质量问题积累导致的工期延误与成本增加，通过科学的施工质量管理与严格的监督措施，施工单位能够确保项目的最终质量目标得以实现，并在确保施工进度的同时保障项目的整体质量。

二、施工现场管理的流程与规范

施工现场管理的流程与规范是确保建筑工程顺利进行的重要手段。其内容涵盖从项目启动到竣工的全过程，包括施工准备、现场管理、进度控制、安全管理、质量监督等各个环节，管理者需严格按照规范流程进行管理，以确保项目按时、按质、按量完成。

（一）施工前的准备与规划

在建筑工程项目的施工管理中，施工前的准备与规划是确保项目顺利实施的基础环节，施工准备不仅仅涉及施工设备、材料与人员的调配，还包括施工方案的制定、技术交底、施工环境的布置等多个方面。管理团队需在项目启动前对施工现场进行全面勘察，明确施工范围与作业条件，并根据项目的整体设计与施工要求制定详细的施工方案。施工方案的制定需充分考虑施工过程中遇到的各类问题与风险，并为每一个工序制定具体的技术方案与操作规程，确保在施工过程中能够有据可依。

设备与材料的准备工作是施工前的重要任务之一，管理者需根据施工计划提前安排所需设备与材料的采购与进场，确保在施工正式开始前所有资源都能够到位，管理团队还需对施工人员进行详细的技术交底与安全教育，确保每一位施工人员都能够熟悉施工工艺与操作流程，减少因技术不熟练或操作不当导致的施工问题。

在施工准备过程中，现场的布置与规划同样至关重要。管理团队需根据施工的实际需求对施工现场进行合理划分，并通过设置临时设施、材料堆放区、施工通道等确保施工现场能够高效运转。在布置现场时，还需充分考虑到施工安全与环境保护问题，确保作业通道畅通、安全防护设施到位以及污染物的妥善处理等，确保施工能够在安全、环保的前提下顺利进行，通过科学的施工前准备与规划，施工单位能够为项目的顺利实施奠定坚实的基础，确保各类资源能够在施工中得到合理利用，并通过完善的施工方案与技术支持提高施工效率与质量。

（二）施工现场的组织与协调

在施工现场管理中，组织与协调工作是确保各项施工任务能够顺利执行的关键环节。管理团队需根据项目的整体进度计划，合理安排各个施工工序与作业班组的任务，并通过有效的沟通与协调确保每一个施工环节都能够与整体进度保持一致，施工现场的组织与协调不仅仅是任务的分配与人员的调度，更是各类资源的优化配置与协调使用，确保施工现场的每一个环节都能够无缝衔接。

在组织与协调过程中，管理者需根据施工现场的实际情况，制定详细的任务分解计划，并根据项目的具体需求对各个作业班组进行合理的分工与安排，对于涉及多工种协作的施工环节，管理团队需通过科学的组织与协调确保各工种之间能够高效配合，避免因协调不当导致的施工冲突与工期延误。设备与材料的调度与使用同样需要合理安排，管理者需根据施工计划提前调配所需设备与材料，确保在施工现场各项资源都能按时到位并得到合理利用。

为了确保施工现场的协调工作能够顺利进行，管理团队还需通过定期的现场会议与沟通机制，及时了解施工中的问题与困难，并通过及时的调整与优化确保施工进度不受影响，管理者可通过每周的现场协调会议总结施工中的经验教训，并根据现场的实际情况对施工任务进行合理调整，确保各个施工环节都能够按照既定计划顺利推进，通过有效的组织与协调，施工单位能够确保各类资源的合理利用与高效运作，并通过科学的管理手段提高施工效率与质量。

（三）施工进度与成本控制

施工进度管理与成本控制是施工现场管理中最为重要的两个环节，管理者需在确保项目按时完成的前提下，合理控制项目的成本支出，确保项目的经济效益。施工进度管理的核心任务在于制定详细的进度计划，并根据施工现场的实际情况对进度计划进行动态调整，确保每一个施工阶段都能够按时完成。管理团队应通过施工进度跟踪与监督，及时发现施工中的问题与风险，并通过合理的调整措施确保施工进度不受影响。

在进度管理过程中，管理者需结合项目的整体进展与施工现场的资源情况，制定科学的施工进度计划，对于工期较长的项目，管理团队应将施工任务分解为多个阶段，并为每一个阶段制定详细的进度安排与任务分工，确保每一个阶段的施工都能够有条不紊地进行。对于施工中遇到的不可控因素，如天气、材料供应问题等，管理团队还需通过提前的预案与备用方案，确保在出现问题时能够迅速做出应对措施，避免因进度滞后导致的工期延误。

在成本控制方面，管理者需通过精细化的成本管理手段，确保项目的每一笔支出都能够得到合理控制，材料成本、设备租赁费用与人工费用是项目的主要支出项，管理团队需根据项目的预算与实际情况，合理安排各类资源的使用与调配，确保在保证施工质量的前提下尽减少不必要的成本浪费，通过成本分析与预算管理，管理者还应定期对项目的成本支出进行评估与优化，确保项目能够在预算范围内顺利完成，通过科学的施工进度管理与严格的成本控制，施工单位能够确保项目按时完工，并在实现项目质量目标的同时最大限度地提高经济效益。

三、施工环境保护与污染防治

施工环境保护与污染防治是确保工程项目绿色发展的关键环节，涉及水、空气、噪声和固体废弃物的控制与管理。管理团队需根据施工项目的实际情况，制定科学的环保措施，确保施工过程中对自然环境的影响降至最低，并通过定期的监测与反馈机制，保障环保措施的有效实施。

（一）施工中的水资源保护与管理措施

在施工过程中，水资源保护与管理是环保工作中的首要任务，特别是大规模土建工程与市政基础设施项目中，施工活动往往会涉及大量的水资源利用与排放问题。管理者需通过科学的用水规划与控制措施，确保水资源在施工过程中的高效利用，并通过有效的水污染防治手段，确保施工废水排放能够符合环保标准，减少对周边水体的污染与破坏。

施工中的水资源管理首先要求管理团队根据施工项目的实际用水需求，合理规划用水量与取水点，确保施工过程中能够实现水资源的高效利用与循环利用，管理者应尽量采用节水技术与设备，减少施工中的水资源浪费，并通过回收与循环处理的方式实现对水资源的二次利用。对于一些特定的施工活动，如混凝土浇筑、设备清洗等高耗水环节，管理团队需通过精确的水量控制与施工工艺改进，最大限度地减少水资源的消耗。

水污染防治是施工环境保护中的重点内容之一，施工过程中产生的废水含有大量的泥沙、油污、化学物质等污染物，管理团队需通过设置沉淀池、油污分离装置等水处理设施，确保施工废水在排放前能够经过严格处理，避免对周边水体的污染，在基础开挖与桩基施工中，管理者应通过设置泥浆沉淀池与污水处理设备，将含泥废水进行沉淀处理后排放，确保排放水质达到环保要求，管理团队还应定期对施工现场的排水系统进行检查与维护，确保施工废水的排放通道畅通，并避免因废水外溢或排放不当导致的环境污染问题，通过科学的水资源管理与污染防治措施，施工单位能够确保水资源的合理利用与环境的可持续发展，并在减少水资源浪费的同时确保废水排放符合环保标准。

（二）空气质量管理与扬尘控制

空气质量管理与扬尘控制是施工现场环境保护的核心内容之一，特别是在大型建筑工程与市政施工项目中，施工活动产生大量的扬尘、废气等空气污染物，对周边的环境与居民生活带来严重影响。为了确保施工现场的空气质量符合环保要求，管理者需通过严格的扬尘控制措施与废气排放管理，减少施工过程中的空气污染，并通过实时监测与反馈机制，确保空气质量管理措施的有效实施。

扬尘控制是施工环境保护中的重点工作之一，特别是在土方开挖、建筑拆除、材料运输等施工活动中，容易产生大量的扬尘颗粒物，为了减少扬尘对环境的污染，管理者应根据施工项目的实际情况制定扬尘防治方案，并通过洒水降尘、覆盖防尘网等措施减少扬尘的产生，在土方开挖与回填过程中，管理团队应通过洒水作业保持土壤湿润，避免因风力作用导致的扬尘扩散。而在建筑材料运输与堆放环节，管理者应通过使用防尘网覆盖材料堆放区，并尽量缩短材料裸露时间，避免因材料堆放不当导致的扬尘污染。

废气排放管理是空气质量保护中的另一项重要任务，施工机械设备的运行往往会产生大量的废气与尾气，对周边的空气质量带来负面影响。为了减少废气对环境的污染，管理者需通过定期的设备维护与检查，确保施工机械能够在低排放状态下运行，并尽量采用低能耗、低污染的施工机械设备，管理者可通过推广使用电动机械与新能源设备，减少传统柴油机械的使用频率，从而降低废气排放量，管理团队还应通过加强施工现场的通风措施，确保施工废气能够及时排放并扩散，避免对施工人员健康与周边环境的影响，通过严格的扬尘控制与废气管理措施，施工单位能够有效减少空气污染对环境与社会的负面影响，确保施工现场的空气质量符合环保标准，并在保障施工顺利进行的同时提升项目的环保水平。

（三）噪声污染防治与管理

施工噪声是建筑工程中常见的环境问题，特别是在城市施工项目中，噪声污染对周边居民的生活与健康带来直接影响。为了减少施工噪声对环境的污染，管理者需根据施工项目的实际情况制定详细的噪声防治方案，并通过科学的施工安排与噪声控制措施，确保施工噪声能够降至最低，减少对周边环境的干扰与影响。

施工噪声的防治首先要求管理者通过合理的施工时间安排，避免在居民休息时段进行高噪声施工活动，管理团队应根据当地的环保法规与社区要求，合理安排高噪声作业的时间，避免在夜间与清晨进行施工机械的操作，减少对周边居民生活的影响。在高噪声设备的使用过程中，管理者还应通过设置隔音屏障与临时围挡等设施，减少噪声的传播范围，并确保施工噪声能够控制在国家规定的标准范围内，对于桩基施工与拆除作业中的高噪声设备，管理团队应通过设置隔音棚与声屏障等措施，降低施工噪声对外部环境的影响。

设备噪声的控制是噪声防治工作的核心内容之一，管理者需通过定期的设备维护与检查，确保所有施工机械设备都能够在正常的工作状态下运行，并通过设备的降噪处理减少噪声污染，管理团队可通过加装消声器与减振装置，降低机械设备运行时产生的噪声，并通过使用低噪声施工机械替代传统高噪声设备，减少施工过程中噪声污染的源头，管理者还应通过加强施工现场的实时噪声监测，及时了解施工噪声的变化情况，并根据监测结果调整施工安排，确保噪声排放始终符合国家环保标准，通过科学的噪声防治措施与实时监测机制，施工单位能够有效减少施工噪声对周边环境与居民生活的影响，确保施工项目能够在环保合规的前提下顺利实施，并提升项目的社会责任感与环保形象。

四、绿色施工与可持续发展

绿色施工与可持续发展理念日益受到社会的重视，建筑行业作为资源消耗和环境影响较为集中的行业，肩负着推动绿色低碳转型的重大责任。随着科技进步和社会需求的不断提升，绿色施工不仅意味着在施工过程中的环境友好性，还涉及建筑全生命周期内的资源节约和环境保护，构建可持续的生态体系。在这一背景下，如何将绿色理念融入施工的各个环节，成为了当代建筑行业必须面对的现实课题。

（一）绿色施工的内涵与原则

绿色施工不仅仅停留在环保措施的表面，而是包含了建筑施工全过程的绿色化管理。在实际操作中，绿色施工的内涵涵盖了从设计阶段开始到施工过程再到运营使用各个环节的全方位优化，其核心是通过减少资源浪费、降低环境污染、提高能效，最终实现经济、社会与环境三者之间的均衡发展。施工过程中，要做到减少污染排放，减少资源浪费，优化能源使用，注重施工过程中的生态保护，这要求施工单位在材料采购、施工技术、资源管理、废弃物处理等方面，都要进行综合考虑，使得各个环节能够最大限度地减少对环境的负面影响。

要实现绿色施工的目标，首先必须从建筑材料的选择入手，优先选用那些符合绿色标准的材料，尤其是具有可再生、低能耗、低排放特点的环保材料，这不仅可以降低建筑在使用过程中的能耗，还能够减少资源的浪费和污染。施工过程中应采用先进的施工技术，减少对环境的破坏，减少噪音和扬尘污染，在施工阶段的废弃物处理和资源回收也是关键，必须严格按照相关规范进行管理，确保资源的有效利用与环境的保护。对于施工产生的废水、废气、废渣等，也应采用相应的处理技术，避免其对周围生态环境造成危害，在节能降耗方面，施工过程中应尽量减少能源消耗，合理规划设备使用和工艺流程，提升施工效率，减少施工对自然资源的依赖。绿色施工不仅是技术手段的提升，还要求全行业的共同努力，通过政策引导、技术创新和企业责任感的增强，推动绿色施工理念的深入发展，通过全过程绿色施工，不仅可以提高建筑的使用性能，还可以为社会提供更加环保、节能的建筑产品，为实现建筑业的可持续发展贡献力量。

（二）绿色施工技术的发展路径

随着科技的发展，绿色施工技术得到了广泛应用和不断创新，这不仅推动了施工效率的提升，也为建筑行业的可持续发展提供了强大的技术支持。在当前建筑业的绿色转型过程中，绿色施工技术的发展路径体现在多个方面，既有技术工艺的升级，也有管理模式的创新，对于施工企业而言，如何合理应用这些新技术，以实现环境保护与施工效益的双赢，是亟待解决的重要问题。

绿色施工技术的发展路径之一是建筑信息模型（BIM）技术的应用。BIM 技术通过对建筑项目的三维建模，能够在施工前对设计方案进行模拟，提前预判出现的问题，从而有效避免施工过程中的资源浪费和返工现象，这种技术不仅提高了施工的精确度，还使得建筑材料的利用率得到了显著提升，有助于节约资源、减少能耗，BIM 技术还可以在施工过程中实时监控各项数据，确保各环节符合绿色施工的要求，从而进一步减少施工对环境的负面影响。

绿色施工技术的发展还体现在装配式建筑技术的推广和应用，装配式建筑通过预制构件在工厂内完成生产，能够显著降低现场施工对环境的影响，减少建筑垃圾和噪音污染，由于预制构件的标准化生产，施工过程中对材料的浪费大大减少，能源消耗也得到了有效控制。装配式建筑技术的推广，极大地促进了建筑业的工业化和绿色化进程，为实现绿色施工提供了重要保障。

绿色施工技术的发展路径还包括建筑节能技术的不断创新，在建筑节能方面，太阳能、地热能等可再生能源的应用日益广泛，越来越多的建筑在设计之初便考虑如何将这些清洁能源引入施工和运营阶段，通过合理的能源管理，建筑物不仅能够在施工过程中实现节能减排，还可以在使用过程中进一步降低能耗，从而实现建筑全生命周期的绿色化，绿色施工技术的发展还涵盖了智能化施工管理系统的应用，通过大数据、物联网等技术手段的应用，施工管理更加高效，能源使用更加科学合理，资源的使用和调配也更加精确，从而有效推动绿色施工的全面发展。

（三）绿色施工的实施障碍与解决思路

尽管绿色施工理念日益深入人心，但在实际的实施过程中，仍然面临着诸多障碍。如何克服这些障碍，实现绿色施工的全面推广，是当前建筑行业面临的重要挑战，制约绿色施工实施的因素主要集中在技术成本、政策支持、市场需求等方面，只有通过多方合力，才能够实现建筑业的绿色转型。

绿色施工在实际推广过程中面临的一个主要障碍是技术成本的增加。绿色施工往往需要采用高标准的建筑材料和施工技术，这使得项目成本相对传统施工方式有所增加。尤其是对中小型建筑企业来说，技术升级和设备引进的成本压力较大，往往难以负担，绿色施工的相关技术尚未完全普及，施工人员对新技术的掌握程度不高，导致实施过程中存在技术水平参差不齐的问题。

政策支持的不足也是绿色施工推广中的一个重要障碍，尽管政府已经出台了相关政策支持绿色建筑的推广，但在具体落实过程中，政策的激励力度仍显不足，税收优惠政策、财政补贴政策等尚未形成系统化的支持机制，导致企业在选择绿色施工技术时，往往考虑到经济效益而难以全面实施，部分地方政府在政策执行过程中对绿色施工的重视程度不够，缺乏相应的监管和督导机制，导致绿色施工的实施效果不尽如人意。

为了克服这些障碍，首先需要加强技术创新和人才培养，降低绿色施工的技术成本，通过科研投入和技术创新，开发更加经济实用的绿色施工技术，降低企业的技术门槛，使得更多的企业能够参与其中。还应加强对施工人员的技术培训，提高其对绿色施工技术的掌握和应用能力，以确保绿色施工的质量和效率，政府应加大政策支持力度，完善绿色建筑的相关政策法规，形成系统化的激励机制，通过税收减免、财政补贴等手段，减轻企业的成本负担，鼓励更多企业采用绿色施工技术，政府应加强对绿色施工的监管和督导，确保政策的有效落实，推动绿色施工的广泛应用。

第三节　项目沟通管理

一、项目沟通管理概述

项目沟通管理是项目管理的核心环节之一，涉及信息的传递、反馈以及各方协调，在项目的各个阶段，沟通是确保项目目标一致、减少风险、提高效率的关键手段，通过合理的沟通策略，能够有效促进项目成员的协同合作，避免不必要的误解与冲突，最终保障项目的成功完成。

（一）沟通渠道的选择与优化

项目沟通管理的首要任务是选择和优化沟通渠道，项目的规模、复杂性、团队组成以及工作内容决定了沟通方式的多样性，沟通渠道可以是正式的文件传达、会议报告，也可以是非正式的互动交流，不同类型的沟通方式有其特定的使用场景和效果。在实际项目中，沟通的方式与工具的选择需要根据项目的特点和需求灵活调整，确保信息的传递准确、及时并且具有足够的广度和深度。对于规模较大、结构复杂的项目，往往需要构建多层次的沟通体系，既涵盖项目管理层与执行层之间的垂直沟通，又包括项目团队内部的横向沟通。为了确保沟通的效率和效果，项目经理应当设定明确的沟通规范，规定信息传递的内容、形式、频率以及反馈机制，避免信息在沟通过程中丢失、失真或延迟。项目经理还需定期评估沟通效果，确保沟通工具与方法能够满足项目发展的需求，随时优化沟通策略以应对项目进展中的变化与挑战，保障项目的各方信息交流顺畅，决策快速有效，减少沟通不畅导致的风险。

沟通渠道的选择不仅仅是信息传递手段的优化，沟通内容的有效性同样至关重要，不同的沟通场合和目标受众对信息的需求差异较大，因此在不同的沟通情境中需要选择适当的信息传递形式，项目汇报阶段需要注重信息的全面性和逻辑性，以确保项目决策层能够根据所提供的资料作出准确的判断；而在日常沟通中则强调信息的简洁和针对性，以减少不必要的信息干扰，提高沟通效率。项目经理需要根据具体的项目场景设计沟通内容，避免信息冗余或缺失，从而实现高效的沟通管理。只有通过不断的实践与优化，才能够逐步构建一个高效、精准、透明的沟通体系，保障项目的顺利推进。

（二）项目沟通中的信息透明与反馈机制

项目沟通管理的一个重要目标是确保信息透明，信息透明是项目各参与方能够协调一致、减少冲突的基础。项目过程中每一阶段的信息传递都需要达到透明、准确的标准，信息的不对称会导致决策失误、项目偏离既定目标，项目经理必须确保所有参与方能够及时获取到必要的信息，保证决策依据的完整性与准确性。在复杂的项目管理中，信息透明的实现不仅依赖于沟通工具和渠道的高效运行，还取决于信息的层次性和结构化处理，通过层层分解、分类归纳，能够让不同角色的项目成员根据各自职责获得相应的关键信息。项目经理需定期审查信息流通情况，确保上级指令与下级反馈能够无缝对接，减少信息失误或遗漏的性，从而提高项目整体的运作效率。

反馈机制作为信息透明的一部分，是确保项目沟通高效的重要环节，良好的反馈机制能够及时纠正偏差，调整策略，保证项目按照预期的进度和质量目标推进。项目管理中的反馈不仅仅是上下级之间的简单汇报与回复，更应当是全员参与的多维度、多层次的信息交换。为了实现有效反馈，项目经理需要鼓励团队成员积极表达意见，提出问题和改进建议，形成一个双向的沟通机制。在这种机制下，信息的反馈不仅仅局限于执行层对管理层的汇报，还包括各个部门和团队之间的横向交流与共享。项目经理应当建立起完善的反馈流程和时间节点，确保问题能够在第一时间被发现和处理，从而有效降低项目风险，提升沟通的质量与效率。

在信息透明和反馈机制的基础上，项目沟通的风险管理能力也得到显著增强，信息的及时传递与反馈可以迅速识别项目中的潜在问题和风险，并在问题扩大之前采取适当的应对措施，反馈机制还可以提高项目成员的参与感与责任心，使得整个团队在项目推进过程中形成强大的凝聚力和合作精神，最终提高项目的执行力和成功率。

（三）跨文化与多元化团队中的沟通挑战

在全球化背景下，越来越多的项目团队呈现出跨文化、多元化的特点，文化差异与沟通习惯的不同为项目沟通管理带来了新的挑战，在多元文化背景下，语言、思维方式、行为习惯等因素都会影响沟通的顺畅与效率，如何在尊重不同文化的同时实现高效沟通，是项目经理面临的重要任务。项目中的跨文化沟通问题，往往并不单单局限于语言的障碍，更在于对彼此文化习惯和思维模式的差异缺乏理解与包容。项目经理需要充分认识到这一点，并制定相应的沟通策略，以减少跨文化差异对项目管理的负面影响。

在多元化团队中，不同文化背景的成员对沟通内容和形式有着不同的期待，有些文化更加重视直接的、明确的沟通风格，而另一些文化则偏好含蓄、间接的沟通方式。为了克服这种文化差异，项目经理不仅需要具备敏锐的文化理解力，还需确保在沟通中采取更加开放、包容的态度，通过建立统一的沟通标准，平衡各方需求，减少因文化差异引发的沟通误解，项目经理还应当注重培养团队成员的跨文化沟通能力，提升其对其他文化的敏感度和适应能力，以减少文化差异对项目推进的不利影响。

项目经理在管理多元化团队时，不仅要应对文化上的差异，还需要考虑到团队成员在专业背景、工作经验、个性特质等方面的多样性，这种多样性既是团队的优势，也是项目沟通中的潜在挑战。在沟通过程中，项目经理应当积极促进团队成员之间的互动与理解，鼓励不同观点和经验的分享，从而在尊重个体差异的基础上，形成更加丰富的集体智慧和创造力，项目经理需要通过合理的沟通策略，避免由于团队成员之间的差异导致的信息屏障和误解，并确保每一位成员的意见和贡献能够得到充分的重视和反馈，进一步增强团队的凝聚力和沟通效率。

二、沟通计划与沟通渠道的设计

在项目管理过程中，沟通计划和沟通渠道的设计直接影响到项目的执行效果和最终成败，沟通计划不仅要明确信息传递的频率、内容、受众，还需要精心设计沟通渠道，以确保信息在不同层级之间高效、准确地传递，实现项目各方的协调一致，减少风险和误解的产生。

（一）沟通需求分析与信息流动的合理配置

在设计沟通计划和渠道时，首先应对项目各阶段的沟通需求进行详尽分析，以确保每个角色、每个团队都能获得所需的信息和资源支持。项目的复杂性决定了沟通需求的多样性，不同的参与方在不同的时间段会对信息有不同的需求，项目经理需要识别这些需求并进行信息流动的合理配置。为了确保沟通计划能够覆盖项目的全生命周期，需要根据不同的工作任务、项目进度节点以及各方的具体职责，制定详细的沟通需求清单，通过梳理各方的沟通需求，项目经理可以构建一个结构清晰、条理分明的沟通框架，使信息能够在各层级、各团队之间流动自如，避免信息滞后、缺失或冗余的情况出现，从而保障沟通的顺畅。

信息流动的合理配置需要特别关注信息的层次性和重要性，不同层级的决策者和执行者对信息的精确度和深度要求不同，高层管理人员通常需要关注项目整体进展、重大风险和资源配置情况，而执行层则更加关注具体任务的分配、实施情况和技术细节。项目经理应当根据各层级的角色定位，合理设计信息的传递路径和传递方式，确保各层级的信息接收者能够在恰当的时间获得他们需要的关键信息。信息流动的方向也应考虑横向沟通和纵向沟通的结合，既要保障上下级之间的指令顺畅传达，又要促进团队之间的横向交流，以提高项目执行的整体协调性。

沟通需求分析还需要考虑到外部环境的变化以及项目规模、复杂度的动态调整，项目经理在沟通计划的初期设计阶段要保持一定的灵活性，为项目面临的环境变化和需求调整预留出足够的空间，以便在项目进展中对沟通需求和渠道进行适时的优化与改进，确保沟通计划始终与项目需求相匹配。

（二）沟通目标的设定与沟通策略的制定

为了使沟通计划发挥其应有的作用，必须在计划中明确沟通的具体目标，这不仅仅是保证信息的传递和接收，更要通过有效的沟通提升团队的协作效率、信息透明度和决策的科学性。沟通目标的设定应当与项目总体目标相一致，并分解为各个阶段的具体目标，在项目启动阶段，沟通的主要目标是确保所有项目成员对项目的整体计划和目标有一致的认知；在项目实施阶段，沟通的目标则是确保各个团队能够协调作业、及时反馈进展和问题；而在项目收尾阶段，沟通的目标是通过有效的总结和反馈为后续工作提供经验和参考。

沟通策略的制定应当以沟通目标为导向，确保不同层级、不同团队的沟通需求都能够被满足。对于高层管理人员和项目决策者，沟通策略应侧重于提供简明扼要的汇报材料，突出项目的关键进展、重大风险和资源状况，使其能够在有限的时间内迅速掌握项目的核心动态，并作出相应的决策。对于执行层的团队成员，沟通策略则应更加注重细节的沟通，通过技术文档、操作指引、任务分配表等形式，将项目的具体要求和任务清晰传达给各个岗位的执行者，确保任务的执行和反馈在一个高效的循环体系内运行。

沟通策略的制定还应充分考虑项目中的不确定性因素和风险，应当在计划中预留出应急沟通机制，以应对项目中出现的突发状况，当项目遭遇突发问题或风险时，必须能够迅速启动紧急沟通机制，及时组织相关人员讨论对策，避免问题进一步扩大，通过完善的沟通策略和应急机制，能够提高项目团队在复杂环境下的应对能力，确保沟通计划始终能够为项目目标的实现提供强有力的支持和保障。

（三）沟通渠道的多样性与工具的选择

沟通渠道的设计需要确保信息的传递速度、准确性和覆盖面，选择适当的沟通工具则是实现这一目标的关键，根据不同沟通对象、任务的紧急程度以及信息的复杂度，沟通渠道可以分为正式和非正式两种。正式沟通渠道包括会议、书面报告、电子邮件等，适用于需要存档、具备法律效力或涉及决策的重要沟通内容；非正式沟通渠道则更适用于日常事务、即时反馈或问题讨论，如电话、即时通讯工具等。

选择合适的沟通工具时，项目经理应当考虑沟通效率、工具的易用性以及适用场景，项目管理工具软件能够提供任务分配、进度跟踪、资源管理等功能，使得信息传递更为规范和有序；即时通讯工具则适合用于快速反馈、即时讨论，对于跨地域、跨文化的团队，远程会议系统、协同办公平台等也是不可或缺的沟通工具，能够有效缩短沟通时间，提高沟通效率。

沟通渠道的多样性是确保沟通顺畅的基础。单一的沟通方式很难覆盖项目的所有环节和需求，不同的沟通内容需要采用不同的渠道进行传递，项目管理层和执行层之间的沟通更多需要通过正式渠道进行，如定期的进度报告、会议纪要等，而执行层内部的日常协作则可以更加灵活，采用即时通讯或电话会议的方式进行信息交流。沟通工具的选择也应当结合项目的实际情况，特别是当项目成员分散在不同地域或存在时差时，异步沟通工具的使用可以确保信息能够及时传递和接收。

在项目管理中，不同的沟通工具还应当具有可追溯性，以确保在项目进展过程中能够对历史信息进行查阅和分析。无论是正式的文件沟通，还是非正式的即时沟通，都应当具备良好的记录和归档功能，以便在项目后期进行复盘时，能够根据沟通记录准确回顾项目的各项决策和执行情况，通过合理选择和搭配沟通渠道与工具，项目经理可以最大限度地确保信息传递的高效性和准确性，从而为项目的顺利推进奠定坚实的基础。

三、项目沟通中的问题与处理方式

项目沟通在项目管理中占据核心地位，沟通不畅往往是导致项目延误、预算超支、质量不达标的主要原因，面对项目沟通中的问题，必须深入分析问题的成因并采取针对性的处理方式，才能有效提升项目的执行力和成功率，确保信息的流通顺畅以及团队的高效协作。

（一）信息传递不及时与失真问题的处理

项目沟通中常见的问题之一是信息传递不及时，这往往导致决策滞后、问题积压以及项目进度的拖延，信息的滞后传递是由于沟通渠道设计不合理，或者团队成员之间未能严格按照沟通计划执行，使得关键信息未能及时传达到决策层或执行层，进而影响到整体项目进展。信息传递失真是另一个常见问题，尤其在层级较多、信息链条较长的项目中，信息经过多个中转环节后容易发生扭曲或遗漏，这种情况会直接导致决策依据不充分或错误，进而引发更严重的问题。

为解决信息传递不及时的问题，首先需要在项目初期设定严格的信息传递时间表和责任制度，确保各级人员按照预定的计划和节点进行信息上报和沟通，项目经理应定期检查沟通渠道的运作情况，确保信息流通的畅通无阻，发现问题应及时调整沟通策略和流程，避免信息滞后积压。为避免信息失真的问题，必须加强信息的记录和追踪，确保信息从源头到终点的传递过程透明、可追溯，在此过程中应用信息化手段，借助项目管理软件、协同办公平台等工具，将沟通环节数字化、可视化，不仅能够提升信息传递的准确性，还能够确保信息接收者能够在第一时间获得最新的动态和数据。项目经理还应定期组织团队内部的横向沟通会议，确保各团队之间能够直接交换信息、分享进展，而不完全依赖于纵向的层级沟通，这样不仅能够减少信息传递的中间环节，也能有效防止信息失真的情况发生，通过构建高效、透明、精确的信息传递机制，能够大幅提升项目的整体沟通效率。

（二）沟通反馈不充分与决策滞后的解决方案

沟通反馈不充分是项目沟通中的另一个常见问题，尤其是在项目规模较大、参与方众多的情况下，团队成员由于工作繁忙或责任心不足，未能及时反馈任务执行情况或发现的问题，导致沟通链条中的信息流断裂。沟通反馈不足不仅使得管理层无法及时掌握项目的实际进展，也使得潜在问题无法被及时发现和解决，进而引发更大的风险和损失。决策滞后往往是由于反馈不足或反馈信息不完整所导致的，管理层在无法获取足够信息的情况下难以作出准确判断，导致决策过程拖延。

为应对沟通反馈不充分的问题，首先需要项目经理在沟通计划中明确每一个反馈环节的责任人和时间节点，确保每个任务的执行者都清楚其需要在什么时间节点向上级反馈任务完成情况或进展情况，并建立清晰的追责机制。沟通计划还应当细化到每一个任务的反馈方式，确保反馈信息的完整性和准确性，项目经理需要通过设立定期反馈机制，每日简报、周总结等形式，确保各个团队和成员能够及时汇报工作进展，并将这一机制严格落实到项目全程，项目管理层也应对反馈内容进行及时审核和确认，确保反馈信息的准确性和针对性，避免因信息模糊或误导而导致的进一步问题。

在解决决策滞后的问题时，除了确保反馈信息的及时性与完整性，还应当优化决策流程，减少不必要的审批环节，项目经理需要根据项目的实际情况，设立不同层级的决策权限，确保基层问题能够在一线快速得到处理，而不需要层层上报，影响决策效率。针对较为复杂或高风险的决策，项目管理层则应当制定应急决策机制，确保在紧急情况下能够迅速调动相关资源进行快速响应和处理，避免决策过程的滞后影响项目整体进展。

（三）沟通渠道的选择不当与过度依赖的调整

沟通渠道的选择直接影响到信息的传递效率与准确性，沟通渠道选择不当会导致信息流动的阻碍或失效，在面对技术性问题时，若仅依赖于书面沟通，会导致技术细节的遗漏或误解；在跨团队沟通时，若仅依赖于非正式的即时通讯工具，容易导致信息存档不足、后续难以追溯和参考。过度依赖单一沟通工具也是一种常见问题，项目团队若过度依赖电子邮件或即时通讯工具，而忽视了面对面的交流或正式的报告制度，往往会导致沟通效率低下或信息不全面。

为避免沟通渠道选择不当的问题，项目经理需要根据沟通内容的复杂性、紧急性和正式程度，灵活选择适合的沟通方式。对于涉及到决策层和战略性讨论的问题，正式的会议、书面报告等方式更能够保证信息的全面性与正式性；对于技术性问题，则可以组织专项讨论会，邀请技术专家现场解决问题，避免信息在传递过程中被误解或遗漏。项目经理应根据项目的实际情况和各团队的需求，合理安排正式沟通与非正式沟通的比例，既要确保信息传递的效率，又要保证信息的完整性与准确性。

针对过度依赖单一沟通工具的问题，项目经理需要建立多元化的沟通渠道，综合运用书面报告、会议、即时通讯工具和面对面交流等多种方式，确保信息传递的灵活性和准确性，应当鼓励团队成员在适当的场合进行面对面的交流，特别是在涉及到复杂的技术问题或需要跨团队合作时，面对面的沟通往往能够更加高效地解决问题、达成共识。在日常沟通中，项目经理应定期评估各个沟通渠道的运作效果，并根据项目的进展和实际需求进行调整和优化，确保沟通工具与渠道的使用始终保持高效和适宜。

结　语

在现代项目管理实践中，沟通作为连接团队、协调资源以及确保目标一致的重要手段，其重要性不言而喻，项目的成功往往依赖于高效的信息传递与及时的反馈，而这其中，合理的沟通机制、工具的应用、以及信息的流畅性和准确性起到了至关重要的作用。项目沟通管理不仅仅是信息的简单传递，更包含了对沟通渠道的设计、反馈机制的优化以及对信息化手段的灵活运用，这些手段的实施，能够有效提高项目的执行效率，减少信息失真和传递滞后的风险。

沟通中的一个关键挑战是确保信息的准确传递与及时接收。信息传递滞后与失真问题常常导致决策滞后、项目进展受阻等现象，因此必须采取严格的沟通计划来防止信息流通中的障碍。为了解决这些问题，项目管理中的沟通渠道应当根据项目需求进行多元化设计，同时建立严谨的反馈机制，确保信息的传递能够按照预定计划顺利进行。在实践中，信息化技术的应用显著提升了沟通效率，不仅为项目提供了更为高效的管理工具，也能够将信息的传递过程标准化、系统化，进一步减少人为因素带来的干扰。

在团队协作方面，合理运用即时通讯工具、协同办公平台等信息化工具，能够打破时间和空间的限制，使得项目团队之间的沟通更加便捷和高效，这些工具不仅提高了项目成员之间的互动频率，还为项目管理者提供了实时的进度监控和反馈机制，使得各个环节的信息流动更加顺畅。在这样的技术支持下，项目成员能够更好地协作，减少因沟通不畅导致的工作延误或重复劳动问题，从而提高了整体的工作效率。

数据分析与智能化决策支持系统的引入，使得沟通管理中的信息处理能力得到极大提升，通过对大量数据的整合与分析，项目管理者能够在决策过程中做出更为科学、精准的判断，减少了决策过程中的不确定性，这不仅有助于发现潜在风险，还能为项目资源的合理分配提供数据支持，确保项目能够在规定时间内高效完成，智能化工具的运用也为项目管理中的沟通提供了更多的自动化支持，减少了人工操作中的错误，使得沟通的质量和效率进一步提升。

信息化系统在提升沟通效率的也带来了信息安全的挑战，信息泄露或系统入侵对项目的正常运行带来不可估量的损害，在沟通管理中，必须加强信息化系统的安全管理，通过权限控制、数据加密和实时监控等手段，确保项目的核心信息不被泄露，项目团队成员也需要提高信息安全意识，严格遵守安全操作规范，避免因人为因素导致的安全风险。建立完善的安全防控体系，制定应急处理方案，并定期进行安全演练，能够最大程度地降低信息安全事件对项目进展的影响。

项目沟通管理中的信息化应用既为提高沟通效率提供了强有力的工具支持，也为团队协作与决策优化带来了新的契机。在应用信息化工具的项目管理者需要不断优化沟通策略，合理设计沟通流程，并通过数据分析与智能决策工具提升项目的整体管理水平，信息安全管理也必须贯穿于整个项目的各个环节，确保信息的保密性与完整性。

参考文献

[1] 张晓英. 建筑经济角度下建筑工程项目管理的探讨 [J]. 建材与装饰，2021 (024)：017.

[2] 宗雪锋. 建筑经济视角下建筑工程项目管理要点探讨 [J]. 中国产经，2021 (20)：180－181.

[3] 麻海峰. 关于全过程工程造价对建筑工程经济管理的重要性探索 [J]. 居业，2024 (2)：189－191.

[4] 贾峰. “互联网＋”时代下建筑工程管理信息化建设研究 [J]. 智能建筑与工程机械，2021，003 (012)：73－75.

[5] 袁晓春. 海外工程项目人力资源管理实践与探索 [J]. 建筑与装饰，2019 (13)：2.

[6] 王治. 建筑工程管理中的进度管理对策探索 [J]. 建材与装饰，2019 (1)：2.

[7] 魏树立. 浅谈建筑工程项目施工成本管理与控制 [J]. 经济与社会发展研究，2020 (10)：2.

[8] 王艳娇. 建筑经济视角下建筑工程项目管理要点探析 [J]. 市场调查信息：综合版，2022 (18)：00036－00038.

[9] 张欣. 建筑经济视角下建筑工程项目管理要点探讨 [J]. 电子乐园，2021 (8)：0108－0108.

[10] 武琴琴. 工程项目总承包模式下建筑经济管理与发展分析 [J]. 大科技，2023：148－150.

[11] 石华旺，宋维举，张俊连，等. “工程经济与项目管理”课程教材

建设探析［J］．唐山学院学报，2024，37（2）：100－103．

［12］韩斌．建筑工程经济在工程管理中的价值及运用分析［J］．建材与装饰，2024（007）：020．

［13］祁晓波．建筑工程施工项目管理措施探讨［J］．建筑工程技术与设计，2018，000（017）：3542．

［14］麦景成．建筑工程项目全过程造价控制与管理探索［J］．中文科技期刊数据库（全文版）工程技术，2021（1）：207－207．

［15］张欣．建筑工程项目安全管理现状与对策［J］．决策探索（中），2019，No．630（10）：41－41．

［16］邹战军．关于加强房屋建筑工程项目管理的问题及措施探讨［J］．商品与质量·建筑与发展，2020（7）：127－128．

［17］吕鹏．全过程工程造价在建筑经济管理中的重要性探索［J］．信息周刊，2019，000（006）：1－2．

［18］张宁．建筑工程施工中进度管理的意义与有效措施［J］．决策探索，2018（3Z）：2．

［19］胡月，裴旭．建筑工程管理与项目成本管理的对策分析［J］．缔客世界，2021（4）：115－115．

［20］方丽琴．项目管理在土木工程建筑施工中的应用分析［J］．经济与社会发展研究，2018（10）：1．

［21］冯改果．市政建筑工程质量及施工技术管理路径探索［J］．中小企业管理与科技，2018（6）：2．

［22］刘铭．建筑工程管理问题及优化对策探索［J］．产业与科技论坛，2019（2）：2．

［23］吴国峰．谈建筑工程管理与创新［J］．数码－移动生活，2023（8）：460－462．

［24］韩勇．建筑工程施工技术问题及创新［J］．装饰装修天地，2019，000（012）：149．

［25］包航．建筑工程施工与项目管理探索［J］．2024（5）：61－63．

[26] 孔乐. 绿色建筑概念在工程建设项目管理中的应用与探索 [J]. 数码－移动生活，2023 (7)：7－9.

[27] 贾静轩. 建筑工程经济与管理风险防范策略 [J]. 建筑与装饰，2023 (10)：115－117.

[28] 沈志鹏. 建筑工程经济在工程项目管理中的应用分析 [J]. 中文科技期刊数据库（全文版）经济管理，2023 (4)：4.

[29] 杨晓红. 建筑工程经济在工程项目管理中的应用分析 [J]. 城市建设理论研究（电子版），2023 (8)：16－18.

[30] 于涛，郎继鹏. 建筑工程管理与绿色建筑工程管理研究 [J]. 电脑校园，2023：8879－8880.